EXPOSÉ FINANCIER

PRONONCÉ PAR LE

MINISTRE DES FINANCES

INTERIM DU TRÉSOR

(GRIMALDI)

A LA CHAMBRE DES DÉPUTÉS

dans la Séance du 28 Janvier 1891

ROME
IMPRIMERIE INNOCENZO ARTERO
Place Montecitorio, 124
1891

Messieurs,

Nécessité de l'équilibre — Considérations générales.

Les conditions des finances du pays, qui ont toujours été l'objet des préoccupations, des soins et des discussions parlementaires, absorbent actuellement l'attention du pays, demandent toute notre activité et prédominent toute autre question. Aujourd'hui, plus que jamais, l'on comprend que le budget de l'Etat est le reflet des conditions économiques du pays, et que celles-ci ont une telle connexité avec les conditions financières par le lien réciproque des causes et des effets que l'on ne peut pas pourvoir aux unes sans tenir compte des autres. Aujourd'hui plus que jamais l'on comprend que l'on ne saurait compter sur une augmentation progressive des recettes publiques, et que l'on ne doit pas consentir à des dépenses excédant la force contributive de la nation.

La législature passée a légué à l'actuelle la solution du problème d'améliorer les conditions financières en même temps que les conditions économiques : problème dont la solution n'est pas facile et dont nous devons cependant nous occuper de toutes nos forces.

Dans le programme du Gouvernement, qui l'année dernière a procédé aux élections générales, se trouvait exprimée l'intention d'introduire les plus grandes économies et les plus rationnelles réformes dans les services publics. Cette résolution a trouvé un écho aussi bien chez les amis que chez les opposants, les uns croyants, les autres sceptiques, et

6

ayant proposé et s'étant fait l'apôtre de nouveaux impôts, saurait
mal se plier à une méthode différente pour rétablir l'équilibre.

L'on a même conçu le doute que la politique indiquée au pays
avant les élections générales, avait été mise a l'écart, et remplacée
par une politique taxophile. Je ne me suis pas plaint de ce jugement
n'en ai pas été surpris. Cependant l'on ne devrait pas trouver
raisonnable que quelqu'un soit dominé par l'étrange volupté d'imposer
des taxes, sans se soucier de chercher d'autres voies pour atteindre
l'équilibre.

Ce jugement eût été plus conforme à la vérité si l'on eût pensé
que, j'ai toujours soutenu, comme je soutiens, la nécessité d'équilibrer
le budget de l'Etat et que la proposition d'augmenter les taxes faite
autrefois par moi, ne pouvait ni ne devait être qu'un moyen dou-
loureux d'atteindre ce but.

Je ne veux pas m'attribuer le mérite que mes propositions aient
eu pour conséquence d'accentuer aux yeux du pays et du Parlement la nécéssité des économies et des freins à toute nouvelle
dépense. Le mérite apartient a la Chambre, qui, dans la longue discussion de février 1889, a manifesté résolument cette tendances et ce n'est
qu'après cette manifestation que le gouvernement s'est consacré, avec
plus d'attention et avec plus d'efficacité à l'étude de toute économie.
Ce qui est certain c'est que depuis février 1889 des économies ont
été faites ; on en fait maintenant d'autres ; une étude continuelle et
persévérante est nécéssaire pour en proposer encore. Que l'on me
permette ici de rappeler que, appelé à présider la dernière Commission du budget, j'ai fait tout mon possible pour seconder l'action
du gouvernement conformément aux intentions du Parlement. Il est de
mon devoir de suivre cette voie, comme il est de mon devoir de
trouver l'équilibre, auquel j'ai été et je suis dévoué.

Au mois de décembre dernier jai présenté, aux termes de la loi,
les trois documents qui concernent le passé, le présent et l'avenir
prochain des finances : à savoir le compte-rendu général de l'exercice expiré le 30 juin 1890, le budget rectifié de l'exercice 1890-91,
le budget d'évaluation de l'exercice 1891-92; et j'ai demandé à la
Chambre de fixer une séance pour l'exposé financier qui devait servir
de commentaire et d'illustration aux documents présentés.

Je remplis maintenant ce second devoir, dans l'accomplissement du-
quel j'employerai la plus grande précision possible et j'userai un lan-
gage conforme à la vérité. Je ne tairai rien de ce qui me résulte de
l'étude et des méditations faites sur les finances. Moi aussi je pense

comme mon honorable prédécesseur, que la vérité entière et sans voile ne peut nuire d'aucune façon au crédit de notre pays.

Ce qui vraiment pourrait lui nuire, serait l'absence dans le gouvernement et dans le Parlement de la ferme résolution de persister dans la voie des économies et du frein aux dépenses, où ils se sont engagés.

Permettez-moi encore deux observations préliminaires.

En décembre dernier, quand la Chambre s'est occupeé d'une question de nature économique, tous les orateurs ont dit que pour envisager les questions économiques et financières, on devait mettre de côté toute considération de nature politique.

Le gouvernement se conforme à cette honnête maxime, et le Parlement s'y conformera certainement aussi dans la prochaine discussion financière qu'il devra faire sur les documents et sur le présent exposé qui assurément n'est pas destiné à être un monologue.

Je crois en outre que le Parlement pensera, comme le gouvernement, que la question du déficit nous concerne exclusivement. Il s'agit d'un ennemi intérieur, qui fut dejà battu une fois lorsqu'il était bien plus fort; qui s'est rélevé depuis, quoique sous une forme moins effrayante; et que maintenant nous devons vaincre de nouveau.

Le déficit actuel ne porte pas atteinte au crédit de l'Italie. Ce crédit a splendidement résisté alors que nos conditions économiques et financières étaient bien autrement douloureuses; notre crédit est solide et résiste fermement, comme il résistera en tout temps, car il a pour base inbranlable la loyauté et le patriotisme du Parlement et du pays.

Combattons donc le déficit, mais sans d'inutiles plaintes, sûrs de triompher de nouveau avec notre fermeté.

Maintenant je me mets à l'œuvre, en sollicitant toute votre bienveillance. J'en ai besoin; ma tâche est grave et difficile, et pour la remplir je dois longuement occuper votre attention, en l'appelant à l'examen de nombreux chiffres. En même temps que les appréciations financières vous me permettrez quelques observations de nature économique.

A la suite des unes et des autres j'exposerai, le plus brièvement possible, le programme du gouvernement et les mesures qu'il va vous soumettre. A vous incombent la discussion et le jugement.

Aperçu des résultats des quatres années antérieures à l'exercice 1889-90.

On connaît les résultats des exercices financiers 1885-86, 1886-87, 1887-88 et 1888-89 qui vous ont été plus d'une fois rappelés. Il convient cependant d'en faire une nouvelle mention et de prendre là le point de départ pour les trois exercices successifs 1889-90, 1890-91, 1891-92, dont j'aurai l'honneur de vous parler. La Commission générale du budget, en faisant son rapport sur le budget rectifié de l'exercice financier 1889-90, et mon honorable prédécesseur dans son exposé financier du 16 décembre 1889, ont avec raison fait observer que pour avoir une idée complète des conditions de nos finances il était convenable de rappeler les chiffres des exercices antérieurs; que la méthode de juger les conditions financières d'un pays à travers l'examen d'un ou de deux budgets était fallacieuse et périlleuse; qu'un exercice clôs en déficit devait peu inquiéter, de même qu'un exercice clôs en excédant devait peu réjouir quand, ceux qui le précèdent et qui le suivent présentent des résultats différents.

Me conformant à ce procédé correct, je rappelle que les déficits dans la catégorie recettes et dépenses effectives des quatre exercices, ainsi qu'il appert par les comptes-rendus respectifs, sont les suivants :

Exercice 1885-86 . . . . Fr. 23,508,769
Id. 1886-87 . . . . » 8,007,924
Id. 1887-88 . . . . » 72,928,840
Id. 1888-89 . . . . » 234,368,708

Pour se faire une exacte appréciation, il faut rappeler que dans ce dernier exercice les dépenses extraordinaires militaires, par l'effet de l'exceptionnelle allocation de 126,340,000 fr. que j'ai mentionnée plus haut, se sont élevées à 216,750,011 fr. 49 ; et que dans cette période de quatre ans, aux termes de la loi, à la dépense des vieilles pensions, (c'est-à-dire à celles en vigueur au 31 décembre 1882, avec jouissance antérieure au 1er janvier 1881) on fit face avec le produit de la rente attribuée à la Caisse pensions, et annuellement aliénée afin de se procurer les sommes nécessaires à ce service. Sans cela, les déficits auraient pris des proportions plus graves.

L'augmentation des dépenses ordinaires effectives et la diminution des recettes qui n'ont pas correspondu aux prévisions ont contribué à cela.

La dette du trésor qui, par l'effet des excédents obtenus dans les années précédentes, était réduite à la fin de l'exercice 1886-87 à 217,452,417 fr. 18 remontait dans l'exercice 1887-88 à 269,746,060 fr. 29.

Et elle serait montée à une somme plus élevée encore sans les ressources exceptionnelles qu'à offert la catégorie du mouvement des capitaux. A la fin de l'exercice 1888-89 qui à été le plus défavorable, la dette du Trésor qui d'après la première évaluation devait se clore avec un déficit de peu d'importance atteignait par contre le chiffre de 509,488,791 fr. 49.

COMPTE-RENDU 1889-90.

Résultats généraux — Diverses phases des prévisions — Constatations.

Cet aperçu rétrospectif fait, je passe à l'examen du compte-rendu de l'exercice 1889-90 qu'il est utile de faire précéder d'un rapide historique.

La première présentation du budget de cet exercice, faite par M. Magliani le 28 novembre 1888, donnait les résultats suivants dans la partie des recettes et des dépenses effectives :

Dépenses	Fr.	1,600,629,936 81
Recettes.	»	1,599,066,960 59
Déficit . . .	Fr.	1,562,276 22

Dans ce chiffre n'est pas compris le montant de 33,984,997 fr. 89 pour le payement des anciennes pensions auquel service il était pourvu moyennant aliénation de rente.

Dans le mouvement des capitaux l'on prévoyait un déficit de 8,267,964 fr. 38. Partant, le déficit total était prévu à 9,830,940 fr. 60.

M. Perazzi, dans son exposé financier du 3 février 1889, présenta quelques notes de variations, au budget des recettes aussi bien qu'à celui des dépenses. Quelques-unes de ces variations provenaient de lois postérieures au 28 novembre, d'autres dépendaient de faits nouveaux ou de rectifications de prévisions, d'autres, enfin, de diminutions de dépenses.

Par l'effet des nouvelles lois, le déficit entre les recettes et les dépenses effectives s'élevait à 25,400,491 fr. 22 ; le déficit dans le mouvement des capitaux à 10,467,964 fr. 38 ; et par conséquent le déficit total était de 35,868,455 fr. 60.

Se basant sur les recouvrements des principales sources de recettes de l'exercice 1888-89, M. Perazzi avait proposé la réduction des prévisions sur les taxes de fabrication, sur les douanes et sur les tabacs; et l'augmentation de quelques autres.

10

L'augmentation des recettes et des dépenses effectives par suite de faits nouveaux ou de rectifications était prévue par lui dans de faibles proportions.

Il proposait d'allouer, aux dépenses effectives du budget, la somme annuelle nécessaire pour les services des pensions anciennes, et tenait aussi compte de la charge de plus de 3 millions, provenant de quelques projets de loi présentés ou à présenter.

Enfin il réduisait les dépenses d'environ 32 millions, dont plus de 12 millions tirés d'économies introduites dans les budgets préventifs des divers ministères et plus de 19 millions de l'ajournement de quelques dépenses extraordinaires du budget d'évaluation du ministère de la guerre. Cet ajournement était rendu possible par la loi de décembre 1888, autorisant l'augmentations des dépenses militaires extraordinaires.

Dans l'ensemble, M. Perazzi prévoyait 54 millions de déficit entre les recettes et les dépenses effectives, et plus de 10 millions de déficit du chef du mouvément des capitaux.

M. Giolitti, au moyen de notes de variations spéciales, proposa des diminutions ultérieures de dépenses et crut pouvoir augmenter légèrement les prévisions Perazzi sur les recettes, comptant par là élever les recettes à 1579 millions.

Mais, à la suite des études de la Commission générale du budget et de la marche ultérieure des recouvrements, il fut nécessaire de diminuer encore lés évaluations des recettes, qui, par la loi du 29 juin 1889, furent prévues pour une somme de 1,564,601,514 fr. 94.

En opposant à cette somme la dépense de 1,613,192,628 fr. 91, le déficit, dans la catégorie des recettes et dépenses effectives, était, par ladite loi, prévu pour une somme de 48,591,113 fr. 97.

En substance, la prévision des recettes effectives pour l'exercice 1889-90, à travers tant de vicissitudes ministérielles et parlementaires, depuis le budget présenté par M. Magliani en novembre 1888 jusqu'à la loi de juin 1889, a diminué d'environ 34 millions et demi.

Le budget rectifié 1889-90, par le fait des modifications proposées, a présenté les résultats suivants, dans la catégorie recettes et dépenses effectives :

Dépenses . . . . Fr. 1,621,603,282 93
Recettes . . . . » 1,574,030,542 88
Déficit . . . Fr. 47,572,740 05

Mais mon honorable prédécesseur, lorsqu'il présentait le projet de loi du budget rectifié, ne se faisait pas faute d'indiquer d'autres charges encore pesant sur le budget de 1889-90, qui n'avaient pu y être comprises, n'étant pas encore approuvées par loi. Ces charges consistaient en 25 millions et demi, destinés à payer les primes d'enrôlement aux volontaires du corps spécial d'Afrique ; à d'urgents approvisionnements de charbon pour la marine ; à doter l'armée de la nouvelle poudre, adoptée dans presque toute l'Europe ; et à l'augmentation de dépenses pour un montant de 1,108,000 due à la liquidation des anciens reliquats qui, aux termes de la loi, doivent s'inscrire au budget de l'exercice en cours. Tout cela faisait monter à 74 millions le déficit entre les recettes et les dépenses effectives.

Par la loi du 27 mars 1890, qui approuva le budget rectifié de l'exercice financier 1889-90 (loi antérieure à l'approbation des autres propositions susmentionnées), les résultats suivants furent établis :

Recettes et dépenses effectives :

Dépenses. . . .	Fr.	1,621,588,637 18
Recettes	»	1,574,030,542 88
Déficit . . .	Fr.	47,588,094 30

Mouvement des capitaux :

Dépenses	Fr.	39,275,135 53
Recettes	»	31.836,483 25
Déficit . . .	Fr.	7,438,652 28

Le déficit total se chiffrait de la sorte à 54,996,746 francs 58. La loi y pourvut en autorisant le Gouvernement à le combler moyennant l'aliénation de la rente mise à la disposition du trésor à l'époque de l'abolition de la Caisse des pensions.

Par la même loi, la prévision des recettes présentait une amélioration, en regard du budget d'évaluation de 10 millions environ.

Le compte-rendu que j'ai eu l'honneur de vous présenter en décembre dernier, présente le déficit qui a été constaté entre les recettes et les dépenses effectives pour un montant de 74, 415,521 frs. 04.

Je m'empresse de déclarer que, pour un montant de plus de 11 millions, on subvint au paiement des pensions nouvelles avec les activités de la Caisse dissoute, aux termes de la loi ; et que le déficit indiqué comprend le service des anciennes pensions, se montant à 33,428.139 francs 58, lequel, au net, pesa sur ce budget pour une somme de 21,064,048 frs 12.

Mais même en défalquant cette dépense à laquelle, suivant l'ancienne méthode, on faisait face au moyen d'émission de consolidé, il reste encore un deficit de 53.351,472 f. 92.

Ainsi la différence en moins entre les premières prévisions, et le compte-rendu, indépendamment des pensions, s'élève à 51,788,496 f. 70. Les recettes effectives se chiffrant par 1,562,587,677 f. 92, mises en regard des prévisions approuvées, présentent un déficit de 11,442,864 f. 89 ; si on ajoute à ce chiffre celui des recettes éventuelles pour réintégration de fonds dans le budget passif, le déficit s'élève à 14,225,219 f. 27 ; et par rapport à la prévision de M. Magliani l'on a une diminution de 36,479, 282 f. 60.

Quelles sont les raisons de ce résultat ?

Il y en a plusieurs que je tâcherai d'exposer à la Chambre avec la plus grande clarté possible.

RECETTES EFFECTIVES

Impôts directs.

Biens-fonds.

Commençant par les impôts directs il n'y a rien à observer au sujet de l'impôt sur les biens-fonds. car, comme on le sait, il est appliqué par contingent et par conséquent n'est soumis à des variations qu'en tant qu'il survient des réimpositions, lesquelles dans l'exercice 1889-90 ont été inférieures de 48,570 f. 86 à la prévision.

Propriété bâtie.

L'impôt de la propriété bâtie offre, au contraire, une augmentation de 1,485,255 f. 57 sur les prévisions, soit parceque, grâce à la diligence de l'admnistration, il a été possible de comprendre parmi les imposables un grand nombre de bâtiments, qui par le passé échappaient indûment à l'impôt ; soit parce que d'autres immeubles nouvellement bâtis, la période de deux ans étant expirée, y furent assujettis aux termes de la loi.

Revenus mobiliers.

L'impôt sur les revenus mobiliers a donné aussi en regard des premières prévisions une augmentation de 761,695 f. 57, due essentiellement à des constatations plus exactes de recouvrements par rôle. Si, comme on doit l'espérer, les conditions économiques du pays s'améliorent, cet impôt sera d'un bien plus grand avantage pour le budget : il est encore loin aujourd'hui d'atteindre le maximum du revenu dont il est susceptible.

Les années passées il a présenté une augmentation continue dans la mesure qui appert de l'aperçu suivant :

Recouvrements constatés.

en 1885-86	f. 109,998,422,16
» 1886-87	» 113.409,724,—
» 1887-88	» 116,323,412,46
» 1888-89	» 123.494,437,17
» 1889 90	» 125,761,695,57

Dans les quatre années l'on a donc eu une moyenne d'accroissement annuel de 3,940,818 f. 37.

Taxes sur les affaires.

Dans l'assiette des budgets modernes et de notre budget en particulier les recettes provenant des contributions indirectes jouent un rôle très important. C'est sur ces contributions que repose spécialement l'administration publique : en effet, les impôts sur les biens fonds, sur la propriété bâtie et sur les revenus mobiliers sont loin de faire face aux besoins des dépenses publiques. Seulement, on a trop compté sur l'élasticité des impôts indirects : ces impôts qui de leur nature suivent les vicissitudes économiques de la nation, élèvent les revenus de la finance dans les années de prospérité, les abaissent dans les années maigres, alors précisément que les besoins sont plus forts et que l'action de l'Etat doit être plus large.

Les taxes sur les affaires avaient marqué pendant plusieures années et jusqu'en 1887-88 des augmentations considérables : de sorte que depuis 1884-85 la progression des recettes a été la suivante :

1884-85	Fr. 169,615,499 11
1885-86	» 175,440,441 06
1886-87	» 188,841,127 10
1887-88	» 200,082,563 15

Ces résultats jusqu'à la fin de 1886-87 avaient été obtenus sans le concours d'aucune réforme tributaire. Par la loi du 14 juillet 1887, n. 4702, en augmentant le timbre sur les quittances, en limitant l'usage des timbres mobiles (*marche da bollo*) et en prenant d'autres dis-

14

positions, on prévoyait une augmentation d'environ 40 millions, qui,
si l'on s'en tient aux résultats de 1887-88 ont été effectivement at-
teints, et même dépassés. Si l'on considère que cet exercice a donné
súr le précédent une augmentation de 11,241,436 fr. 06, l'on doit-
conclure que ces mesures, jointes à la bonne marche des affaires, fa-
vorisaient l'accroissement des recouvrements.

Mais comme les conditions du budget exigèrent de nouveaux tri-
buts, |la Chambre n'hésita pas à approuver par la loi du 12 juillet
1888, n. 5575, l'augmentation d'un troisième décime sur les succes-
sions, à l'exclusion de celles en ligne directe, et sur les donations, le
redoublement de la taxe de timbre sur les lettres de change et l'augmentation de 50 centimes pour mille de la taxe de négociation des
titres et des avances sur gage. On attendait de ces mesures une recette de plusieurs millions.

On ne trouva pas exagérée, par conséquent, la prévision proposée
pour 1889-90 pour la somme de 207,518,000 fr. ; mais malheurese-
ment les faits la démentirent.

Déjà le compte-rendu de 1888-89 indiquait un arrêt ; en effet les
taxes sur les affaires n'atteignaient que la somme de 200,979,443 f. 51,
c'est-à-dire qu'elles ne dépassaient que de 900,000 fr., les constatations de 1887-88, malgré les effets de la loi du 14 juillet 1887.

L'on ne doit pas s'étonner que les constatations de 1889-90 aient à
peine atteint la somme de 202,179,877 fr. 05, en demeurant au dessous des prévisions pour une somme de 5,338,122 fr. 92.

Les causes de ces diminutions sont connues : il suffit d'en relever
ici la vraie importance, afin que d'un côté l'on ne tombe pas dans
des exagérations pessimistes, et que de l'autre l'on ne s'expose pas à
des illusions trompeuses.

Voici quelle est la vérité.

Dans les meilleures années, l'accroissement des taxes sur les affaires
etait prévue pour une somme de 3 à 4 millions par an; ce furent des
années trop favorables qui nous habituérent à des augmentations ab-
solumènt exceptionnelles, auxquelles devaient succéder, comme elles y
succédèrent, des années de réaction.

En effet 1884-85 donna sur 1883 un surplus de 7 millions ; 1885-86
le dépassa de 5 autres millions et huit cent mille francs ; l'exercice
1886-87 le dépassa encore de 13 millions et quatre cent mille francs ;
en 1887-88 on eut une nouvelle augmentation de 8 millions, sans tenir
compte du bénéfice provenant de la loi du 14 juillet 1887 ; finale-

ment 1888-89 offrit encore une augmentation de neuf cent mille francs.

Ce sont donc plus de 35 millions d'augmentation obtenue en un quinquennium.

L'on ne peut donc pas appeler décourageant le résultat de l'exercice 1889-90, si, malgré les conditions défavorables, il a donné une augmentation de 2 millions sur l'exercice précédent.

On sait que les souffrances économiques du pays se réfléchissent sur le mouvement des tributs, qui atteignent la richesse publique en des moments déterminés, et à la manifestation de certains actes particuliers, qui ont une connexité avec la transformation des patrimoines privés.

IMPOTS DE CONSOMMATION.

Fabrication et vente de spiritueux, bière, poudres, chicorée, etc.

Les impôts sur la consommation sont plus sensibles, parce qu'ils sont intimement liés à toute la vie du peuple.

Les premiers d'entre eux, dans l'ordre du budget, sont ceux sur la fabrication et sur la vente des spiritueux, de la bière, des poudres, de la chicorée et autres produits similaires.

Le mouvement des spiritueux exerce une action essentielle sur la hausse et la baisse de cette source compliquée des gabelles ; car toutes les autres taxes de fabrication réunies ensemble ne fournissent au trésor que 4 millions.

De la taxe sur les spiritueux, dans les années écoulées, l'administration avait retiré :

        en 1884-85 . . . . Fr. 24,700,785 87
        » 1885-86 . . . . » 25,010,089 84
        » 1886-87 . . . . » 35,014,173 61
        » 1887-88 . . . . » 30,317,312 70

En 1888-89 l'on n'encaissa que 23,096,679 fr. 34.

On attribuait cette diminution, en partie aux importations anticipées et aux fabrications effectuées en vue des augmentations de tarif projetées et en partie aux prix exceptionnellement bas des vins, par suite de l'abondance de production et du défaut d'exportation.

En 1889-90 on commença, par une première prévision de 49 millions et l'on finit par une constatation inférieure à 18 millions et demi de francs.

Mais vous savez que ces dernières années, rien n'a été plus soumis à des changements que l'impôt sur les spiritueux.

Remanié sagement par rapport aux méthodes de constatation en 1879, il a été l'objet d'augmentations successives en 1883, en 1885, en 1887, puis de nouveau en 1888 par l'application d'une *taxe de vente* à côte de la taxe de fabrication.

L'impôt poussé à haute pression, car un litre d'alcool anhydre payait 2 f. 40 centimes, la consommation parut quelque peu ébranlée.

La loi du 11 juillet 1889 réduisit tout d'un coup la mesure de l'impôt à 1 f. 20 pour la fabrication, à 20 centimes pour la vente d'un litre d'alcool anhydre en remaniant les abonnements et les remboursement de façon à donner en partie un aspect nouveau au régime non encore parfaitement établi.

La législation agitée de l'alcool se réfléchit dans les chiffres de la production. Elle était de 254 mille hectolitres dans l'année 1884-85, de 242,000 en 1886 87, à peine de 150,000 en 1889-90, malgré une réduction de gabelle qui fut reconnue excessive.

Dans l'exercice courant nous pourrons peut-être espérer une production intérieure de 200,000 hectolitres; mais les conjectures ne sont pas faciles à l'égard d'une production contrainte à se plier à une continuelle variation d'organisation.

Certes, la réduction de l'impôt, effectuée en 1889, n'a pas contribué à relever efficacement la consommation de l'alcool, tandis quelle a notablement diminué les recettes du Trésor.

Vous ne trouverez pas hors de lieu la proposition du gouvernement de retoucher l'impôt de fabrication à l'effet de l'élever à une limite qui, sans nuire à la consommation puisse mieux protéger les fabriques contre la concurrence étrangère, en fournissant une ressource non négligeable pour la finance.

Je dois aussi vous parler d'un autre impôt de production, de l'impôt sur les poudres qui n'a pas répondu aux modestes espérances qu'il avait fait naître dans l'esprit des mes prédécesseurs. Et cependant l'Etat peut raisonnablement prétendre davantage de ce tribut.

Les auteurs du projet de 1887 sur les poudres, comptaient sur un revenu de deux à trois millions de francs. Au lieu de cela ce revenu s'est élevé à 700,000 f. seulement; il est vrai de dire cependant que la moyenne du revenu obtenu entre 1869 et 1887 n'avait été que de 236,425 fr.

La réforme n'a fait que tripler le revenu de l'impôt, quand on espérait qu'elle l'aurait rendu au moins dix fois plus abondant.

Avant 1887, pour appliquer cette taxe, on classifiait les appareils industriels et il y avait un tarif gradué selon les classes. La méthode inaugurée par la réforme de 1887 maintint encore intact le vieux principe de constatation, tout en y apportant des améliorations appréciables.

Elle rendit graduelle la taxation et délivra l'industrie du lien indirect, consistant à adopter des appareils répondant aux conditions faites par le tarif. Mais la méthode en vigueur présente aussi le grave défaut de ne pas tenir compte de tous les éléments qui concourent à former la productivité des poudrières ; de sorte qu'infirmant le criterium d'application de l'impôt, elle ouvre l'accès à de grosses pertes pour l'Etat et crée quelques inégalités de conditions entre une poudrière et l'autre.

Un système qui, s'éloignant des formes générales, permettrait de déterminer l'impôt pour chaque poudrière, en prenant pour base tous les faits qui peuvent influer sur la production, représenterait la meilleure solution du problème.

Les études entreprises sur ce sujet me mettent en mesure de vous assurer que l'administration a presque atteint ce perfectionnement.

La nouvelle méthode de constatation du tribut sur les poudres que j'aurai l'honneur de vous proposer, a beaucoup de points de ressemblance avec celle inductive en vigueur pour l'impôt sur les spiritueux ; et la réforme projetée vise à faire obtenir les résultats financiers et économiques sur lesquels comptaient les auteurs du projet de 1887.

Douanes.

Les revenus fournis par les douanes dominent tous les autres provenant des impôts de consommation.

Dans l'exercice 1889-90 les recettes des douanes représentaient environ 44 pour cent du revenu total des gabelles, à l'exclusion de la loterie. Aucun autre impôt ne rend actuellement autant que les droits de douane : aussi réclament-ils une considération particulière. En outre, aux revenus des douanes se rattachent d'importantes questions d'un caractère économique, qu'un homme d'Etat ne doit jamais perdre de vue.

Vous savez que notre législation douanière a subi, dans ces dernières années, de profonds changements : les droits sur le café et sur le pétrole ont été remaniés : ceux sur le sucre et sur l'alcool ont été

à plusieurs reprises augmentés, la gabelle sur les grains a été deux fois surchargée. Le 1er mars 1888 fut appliqué le nouveau tarif général, modifié en divers points, d'abord par le traité avec l'Autriche-Hongrie, puis par celui avec l'Espagne et plus tard, en avril 1889, par le traité italo-helvétique.

En l'année 1889 les effets de la réforme furent aussi aggravés par le tarif différentiel appliqué aux produits de France. Aussi peut-on affirmer que l'année solaire 1890 doit seule être considérée comme année normale par qui veut connaitre les effets du nouveau régime des droits de douane.

Entre l'exercice 1884-85, antérieur à la période d'agitation douanière et l'exercice 1889-90, avec lequel elle se clôt, les recettes des douanes s'élevèrent de 212 à 275 millions de francs : ce qui représente une augmentation de 63 millions dans le court espace de cinq exercices. Ont contribué à cette forte augmentation : les grains pour 37 millions ; le pétrole pour 5 millions ; les produits manufacturiers et autres pour 20 millions.

La somme totale des 275 millions perçus dans l'exercice 1889 90 se décomposait comme suit dans ses éléments fondamentaux :

Alcool	Fr.	9,562,737
Pétrole	»	32,807,927
Café	»	19,663,420
Sucre	»	66,608,095
Grains	»	44,792,700
Autres produits	»	96,577,558
Droits maritimes	»	5,322,089
Total	Fr.	275,334,526

En reunissant tous les revenus des douanes provenant des produits qui se peuvent considérer comme fiscaux (alcool, pétrole, café et sucre) et en faisant un compte à part, soit pour les grains, qui ont pris une importance particulière, soit pour les autres produits non spécialement considérés, soit pour les droits maritimes, l'on a les résultats suivants, constatés dans le dernier quinquennium financier :

	Revenus fiscaux	Droits sur les céréales	Autres droits de douane	Droits maritimes	Totale
Exercice 1885-86 millions de frs	106	11	80	5	202
id. 1886-87 id.	116	16	85	5	222
id. 1887-88 id.	118	33	89	5	245
id, 1888-89 id,	104	31	97	5	237
id. 1889-90 id.	129	45	96	5	275

L'augmentation des revenus fiscaux est due à l'augmentation des tarifs.

Le montant considérable des recettes provenant de l'importation des cereales est dû en partie aux droits plus élevées, mais surtout à la importation toujours croissante des denrées étrangères : en effet ont été importées 978,000 tonnes en 1886-87, 949,000 en 1887-88, et 896,000 en 1888-89 en regard d'importations qui n'atteignaient pas 300,000 tonnes quand les droits n'étaient que de 14 francs.

Ces chiffres font penser à l'insuffisance de notre production, à la concurrence de la production étrangère et à l'influence que ces deux faits exercent sur les recettes du Trésor. Une année de bonne récolte chez nous ou de disette et de renchérissement des céréales dans les pays exportateurs, peut fortement déprimer le montant des recettes. Les vicissitudes des saisons, les changements dans les conditions des transports maritimes, le mouvement des prix peuvent rendre vaines, les prévisions que l'on croyait les mieux fondées et les plus fermes

C'est ainsi que, dans le premier semestre de l'exercice courant nous voyons que les importations de grains de l'étranger n'ont pas même atteint, sous le rapport de la quantité, la moitié de celles de la période correspondante de 1889. Mais la récolte italienne, en 1890, meilleure que celle de diverses années antérieures, dépassa d'environ 600,000 tonnes la production de 1889; tandis que les réserves disponibles de tous les marchés exportateurs, pris dans leur ensemble, se réputent insuffisantes à faire face à la demande pour la consommation, étant donnée même la condition favorable de la récolte des succédanés.

Les recettes des douanes provenant du mouvement commercial des autres produits, réfléchissent l'action immédiate du nouveau tarif des droits de douane. C'étaient 80 millions dans l'exercice 1885-86 : 89

dans celui de 1887-88 ; 97 millions dans celui de 1888-89 ; et 96 millions et demi dans celui de 1889-90, qui comprend un semestre sans droits différentiels. On ne pouvait espérer de plus de l'application du nouveau régime douanier. Les recettes de l'exercice courant présentent des résultats moins favorables.

Mais l'année 1890 se signale par une diminution presque générale du commerce d'importation. La diminution la plus sensible d'impor-tation concerne les fers bruts et les fers travaillés ; ce qui ré-pond en partie à la diminution effective de la quantité du travail métallurgique national, et en partie à la substitution d'objets fabriqués par nous à d'autres objets importés. Suit, dans l'ordre d'importance, la diminution de l'importation des filés et des tissus des diverses caté-gories, diminution qui doit être attribuée soit à l'accroissement de la production manufacturière nationale, soit à une diminution effective de la consommation provenant des souffrances économiques générales.

De toute façon et malgré la dépression du commerce d'importa-tion, les effets du régime douanier résultant de la réforme du 14 juillet 1887 sont favorables aux finances ; car l'on peut dire, qu'en général et sauf pour certains produits de rares industries déjà bien acheminées, la diminution des quantités importées n'élimine pas l'aug-mentation des recettes provenant des droits de douanes plus élevés. Cependant le gouvernement croit que l'on ne favoriserait pas les in-térêts bien entendus des finances en suivant la ligne indiquée par quel-ques personnes sous le rapport de la politique douanière.

Si l'on dépouillait les droits de douane de leur caractère modéré-ment défensif, pour adopter des droits formellement protectionnistes, nous verrions sans aucun doute diminuer les produits des douanes, sans espoir que la perte relative fût compensée, en grande partie de moins par d'autres genres de recette.

Droits intérieurs de consommation.

Il n'y a pas grand chose à dire sur les produits des droits intérieurs de consommation, qui étant, en grande partie, fondés sur des contrats à ferme, ne peuvent donner lieu à des différences notables. Pour cette source de revenu la prévision de 1889-90, approuvée pour la somme de 81,577,245 francs, par la loi du budget, a été à peu près atteinte. On a seulement noté une différence en moins de 500,000 frs. dans l'administration de l'octroi de Naples.

Tabacs.

En ce qui concerne les tabacs il est bon de rappeler que dans le dernier quinquennium ils ont produit un revenu brut divisé comme suit :

1879 . . . . Fr. 147,753,264
1880 . . . . » 149,850,389
1881 . . . . » 153,445,878
1882 . . . . » 159,085,765
1883 . . . . » 165,109,625

La part échéant à l'Etat, à titre de redevance et de participation aux bénéfices s'est élevée :

En 1879 à . . . . . Fr. 104,203,866
en 1880 à . . . . . » 104,867,757
en 1881 à . . . . . » 106,513,937
en 1882 à . . . . . » 108,108,105
en 1883 à . . . . . » 108,564,300

Mais ce revenu par suite des frais généraux grévant divers chapitres, comportait une dépense d'environ 5,500,000 francs. Par conséquent le bénéfice net du quinquennium doit être calculé à 504,561,672 francs, soit en moyenne 100,912,334 francs annuels ; et, si l'on prend pour base le revenu de 1879, l'on a une augmentation effective et annuelle en faveur de l'Etat de 1,274,273 francs. Dans l'intervalle la part de bénéfices annuels absorbé par la sociétés cöintéressée s'était élevée de 4 millions à 8 millions de francs environ.

Cette administration ayant été en 1884 transférée dans les mains du gouvernement a donné le revenu net suivant :

1884-85 . . . . . Fr. 125,984,193. 80
1885-86 . . . . . » 133,942,405. 02
1886-87 . . . . . » 142,178,498. 99
1887-88 . . . . . » 141,160,937. 95
1888-89 . . . . . » 142,425,496. 41

En total de 1884-85 à 1888-89 Fr. 685,691.532. 17

Soit un revenu moyen net de 137,138,306 fr. 43 par exercice, et une augmentation nette annuelle de 4,110,325 fr. 65. Mais, si l'on tenait compte des intérêts sur la valeur des tabacs, qui forment le *stock*, le revenu moyen descendrait à 135,387,296 fr. 27, même en tenant compte de l'augmentation annuelle de 3,645,326 francs.

Mais cette augmentation est en partie due à des hausses de tarif approuvées par les lois du 29 novembre 1885 et du 2 avril 1886.

L'effet immédiat de la réforme de 1885-86 a été de porter dans un biennat les constatations pour les tabacs de 173 à 190 millions de francs, pour descendre à 186 millions et demi dans l'exercice 1887-88 et à 184 millions et demi dans l'exercice 1888-89. En 1889-90 un léger réveil s'est manifesté ; cependant les recettes ne se sont élevées qu'à 186 millions, tandis que la prévision était de 189.

Il y a des personnes qui ne considérant que les recettes obtenues dans les premières années de l'administration par l'Etat, ont accusé de ce mouvement retrograde l'augmentation du tarif effectuée en 1885-86. Mais il ne nous semble pas que l'on puisse tirer des conséquences sur la marche normale d'un tribut d'après les résultats obtenus pendant quelques années exceptionnellement prospères.

Dans une période de temps assez longue, de 1879 à 1885, l'on n'avait pas touché aux prix du monopole des tabacs, et les recettes augmentèrent en moyenne de plus de 4 millions et demi par an. Si les choses avaient continué de ce pas nous aurions pu obtenir plus de 196 millions des produits du monopole dans l'exercice 1889-90, en dépassant de près de 10 millions la recette effectivement versée dans les Caisses du Trésor.

Mais, dans les deux exercices 1885-86 et 1886-87 l'augmentation des recettes des tabacs a dépassé de 12.100.000 le chiffre de l'augmentation normale, tandis que les augmentations des trois exercices successifs furent inférieures de 16.850.000. On pourrait conclure, que tout bien compté, les diminutions de recettes survenues après le nouveau tarif ne vont pas au delà de 4.750.00

Le tableau est meilleur, si l'on envisage le bénéfice net du monopole.

Si nous n'avions l'habitude de considérer les administrations de l'Etat que sous le rapport purement et exclusivement financier, nous pourrions trouver ici de quoi nous rassurer.

Il est vrai de dire que de 1879 à 1884-85, le bénéfice net du monopole a progressé, en moyenne de 2.640.000 par an. Suivant cette progression, il se serait élevé dans l'exercice 1889-90 à environ 136 millions.

Au lieu de cela on a dépassé 139 millions de bénéfice, par suite de la diminution des frais.

Si l'on met ensemble les majorations de bénéfice constatées après 1884-85, c'est-à-dire après l'application du nouveau tarif, l'on dépasse la somme considérable de 40 millions, provenant de l'augmentation des prix et obtenus malgré la dépression de la consommation.

De toute façon, l'administration des finances, à l'effet de mettre mieux en harmonie le tarif des tabacs avec la puissance contributive obtint l'autorisation de modifier le tarif des tabacs. Elle n'a fait aucun usage jusqu'à présent de cette autorisation comptant sur le réveil de la vente, qui se manifeste déjà par des symptomes significatifs. Dans le premier semestre de l'exercice en cours, le revenu a augmenté d'environ 2 millions sur la période correspondante de l'année précédente.

Pour peu que cette amélioration continue, il est permis de prévoir que l'on pourra dans l'exercice entier obtenir les 5 millions d'augmentation prévus dans le budget rectifié, en regard de l' exercice passé. Aussi les prévisions pour l'exercice 1891-92 sont-elles modestes, et pourront être facilement dépassées.

On ne negligera pas toutefois d'étudier la question des modifications du tarif en vigueur, pour voir si le moment opportun venu, il ne conviendra pas d'y faire quelques retouches ; moins pour varier la mesure de la taxe que pour donner à la consommation une assiette qui corresponde mieux aux intérêt des l'industrie.

Sels.

Peu de paroles suffiront sur le revenu des sels, qui en 1884-85 s'était élevé à 86 millions et 190 mille francs et devait nécessairement diminuer, par suite de la réduction du tarif des prix de vente approuvée par les lois du 29 novembre 1885 et du 2 avril 1886. La perte dont le trésor devait souffrir par suite de ce dégrèvement, était calculée à environ 28 millions par an, et l'on n'a pas été loin de la réalité.

En effet, le nouveau tarif ayant été appliqué le 1er janvier 1886, nous avons perdu dans le semestre 14 millions et dans l'exercice suivant, au lieu de 28 millions la perte à été de 27,300,000 fr., ce qui annonçait l'augmentation espérée.

Voici les résultats des comptes-rendus :

En 1886-87 la recette s'est limitée à . . Fr. 58,940,128 93
» 1887-88 elle s'est élevée à la somme de » 59,193,380 63
» 1888-89 à . . . . » 61,793,786 10
» 1889-90 à . . . . » 62,504,214 66

La plus forte différence entre l'exercice 1887-88 et l'exercice 1888-89 est dûe, en bonne partie, aux effets de la loi du 12 juillet 1888, qui a augmenté le tarif de vente du sel en poudre et du sel raffiné.

Loterie.

En ce qui concerne la loterie, faiblesse dans les mises au jeu aussi bien que dans les gains ; mais plus dans ceux-ci que dans celles là : si bien que le rapport par cent des gains sur les mises est resté au dessous de la moyenne ordinaire.

Chemins de fer.

L'exercice 1889-90 n'a pas été favorable au mouvement des chemins de fer, et cela non seulement par suite du malaise économique, mais aussi par les effets essentiellement nuisibles de la maladie qui sous le nom d'*influenza* a fait le tour de l'Europe, et paralysé pendant longtemps l'activité des échanges et des industries.

Pour donner une idée précise des résultats de l'exercice il est bon de rappeler que cette branche de revenu s'alimente de trois sources différentes :

1. Participation aux produits des lignes principales ;
2. Produits des lignes complémentaires ;
3. Taxe sur le mouvement à grande et à petite vitesse.

La première prévision pour la part due à l'Etat sur les produits des lignes principales, partait de l'idée qu'il devait se produire dans le mouvement des chemins de fer, l'accroissement qui s'était vérifié dans les exercices précédents, accroissement qui, durant les premières années des Conventions, est arrivé à la somme d'environ 2 millions par an, c'est-à-dire :

1885-86	. . . .	Fr.	54,555,891 66	1ᵉ année
1886-87	. . . .	»	56,243,057 75	2ᵉ année
1887-88	. . . .	»	59,147,792 83	3ᵉ année.

Par conséquent, en attendant les constatation de 1888-89, qui ont été de 59,379,025 francs 89, la première prévision pour 1889-90 avait été fixée à 62,699,202 francs 19.

Au lieu de cela la constatation a été de 59,111,205 francs 14, soit un chiffre légèrement inférieur à la constatation de 1887-88 et de 1888-89.

Je ne veux pas atténuer l'importance de cette halte dans l'augmentation espérée, mais si on la considère dans tous ses détails, elle ne devrait pas éveiller de préoccupations. Il suffit pour cela de refléchir que 1887-88 (qui est l'année de la plus forte augmentation) à été favorisée par des événements extraordinaires qui accrurent considérablement le mouvement des chemins de fer. Aussi les produits, qui en 1886-87 n'avaient dépassé ceux de l'exercice précédent que de 1,800,000 francs, ont été en 1887-88 supérieurs à la constatation de l'exercice antérieur de près de 3 millions. Cela explique, au moins en partie, l'arrêt de l'augmentation dans les exercices 1888-89 et 1889-90, qui restèrent presque au niveau de 1887-88.

Mais au sujet du produit des lignes principales dans l'exercice 1889-90, l'on doit tenir compte de deux faits non négligeables. Une diminution considérable de voyageurs sur les lignes principales, et une grande augmentation pendant ce même exercice sur les lignes secondaires et complémentaires.

En effet les recettes sur les lignes principales, qui dans l'exercice 1888-89, branche voyageurs, s'élevèrent à 92,033,942 francs 72, ne donnèrent en 1889-90 que 89,663,486 francs 35, avec une diminution de deux millions et 370 mille francs. Par contre pour les lignes complémentaires qui, comme on le sait, dans les premières années font concurrence et nécessairement dépriment le mouvement des lignes principales, qu'elles soient voisines ou parallèles, l'augmentation qui en 1888-89 avait été de 8,640,675 francs 16 a été en 1889-90 de 4,239,627 francs 14.; les recettes ayant atteint la somme de 12,880,302 francs 20.

Il est vrai de dire que les frais d'exercice ont été plus considérables.

En 1888-89 les frais se sont élevés à 11,095,825 francs 97, et en 1889-90 à 14,258,776 francs 43. La différence est donc de 3,162,950 francs 46 ; mais, en la défalquant du produit augmenté, il reste encore un bénéfice de 1,076,676 francs 68.

J'ai cru de mon devoir d'arrêter votre attention sur ces détails, à l'effet de mettre en évidence les vrais résultats de ces sources de revenus, dont le mouvement se réfléchit sur le produit de la taxe concernant le mouvement des voyageurs et des marchandises à grande et à petite vitesse.

Cette taxe a donné au Trésor en 1885-86 un produit de 15,685,364 francs 07 ; en 1886-87 il s'est élevé à 16,310,127 francs 99. Il s'est encore élevé en 1887-88 à 17,793,552 francs 28. Puis en 1888-89 à 18,044,541 francs 39, limite presque atteinte en 1889-90, ou l'on a encaissé 17,951,233 francs 82.

Il est bon de signaler en cet exercice l'augmentation considérable des transports des marchandises à petite vitesse, contre une dépression non insignifiante de ceux à grande vitesse.

Postes et télégraphes.

Service des postes et des télégraphes.

Les services des postes et des télégraphes ont subi aussi les effets des conditions générales du pays ; cela est si vrai que les recettes qui dans la prévision Magliani étaient calculés es à 60,750,000 francs, furent constatées en la somme de francs 57,751,540, soit 3 millions de moins.

Résumé des recettes de 1889-1890

Résumant ce que j'ai dit jusqu'ici, il appert qu'en prenant pour base les premières prévisions, du chef des principales sources de recettes il y a eu une diminution de 55,784,616 fr. 42, qui a été la cause principale du déficit.

Sur l'ensemble des autres recettes, l'on doit constater un bénéfice de 19 millions 305,333 fr. 44.

C'est-à-dire: une recette extraordinaire de 8,458,091 fr. 46 provenant des intérêts de la rente de la Caisse-pensions, qui était à la disposition du Trésor et qui est restée immobile pendant un temps plus long que l'on ne prévoyât; une augmentation de bénéfice d'un million sur l'administration de la Caisse dépôts et prêts. L'on a eu en outre sur d'autres chapitres du budget d'autres différences actives qui portèrent le total des augmentations à 19,305,333 fr. 44.

Par conséquent, comme je l'ai exposé, la diminution totale nette est de 36,479,282 fr. 60.

Passons maintenant aux dépenses.

Dépenses effectives

Première prévision Magliani

J'ai dit que dans la première prévision de l'exercice 1889-90, les dépenses effectives figuraient pour une somme de 1,600,629,936 fr. 81, soit :

1,497,420,514 fr. 57 dans la partie ordinaire
103,209,422 fr. 24 dans la partie extraordinaire,

Dépenses ultérieures approuvées

Il faut y ajouter d'autres dépenses très considérables, dépendant de lois postérieurement approuvées, et d'évènements non prévus dans le budget

Ainsi la loi du 30 décembre 1888, N° 5864, sanctionnait 19 millions 400,000 francs de nouvelles dépenses extraordinaires militaires destinées plus spécialement à la fabbrication des fusils, à l'achèvement de la digue pour la défense de la Spezia et à l'artillerie de grande puissance. D'autres lois des 23 et 30 mars et du 6 avril portaient une autre dépense de 24 millions 149,459 fr. 95 pour la poudre sans fumée, pour la dotation complète du charbon de terre et pour d'autres exigences militaires. Les dispositions alors en vigueur sur la force alcoolique des vins exportés exigeaient une majoration de dépenses à titre de restitution de taxe (*drawback*), dépense qui s'est élevée à 4,500,000 francs. La loi du 30 décembre 1888, N° 5875, qui autorisait de nouveaux crédits pour la construction de routes nationales et provinciales, fit voter une autre dépense de 5,664,300 francs. Les nouvelles conventions postales approuvées par la loi du 7 avril 1890 amènèrent une majoration de dépenses de 1,292,152 fr. 67. Aux termes de la loi du 30 décembre 1888, N° 5874, portant une avance spéciale aux caisses pour les augmentations patrimoniales, l'on dut inscrire une nouvelle dépense de 2,200,000 francs. Pour la majoration des compensations aux Sociétés des chemins de fer et pour suppléments de garanties 2,338,706 fr. 43 furent encore nécessaires. Enfin, par la loi du 7 avril 1889, N° 6000, portant l'abolition de la Caisse-pensions, on grevait le budget d'une nouvelle dépense de 29 millions 481,997 fr. 89. Ainsi l'augmentation des dépenses dans la partie effective du budget préventif, pour les causes sommairement énumérées ici, et pour d'autres de moindre importance, s'élevait à 98,399,738 fr. 53, ce qui portait par conséquent la première prévision des dépenses effectives à 1,699,029,675 fr. 34.

Réduction des premières prévisions.

En raison de ces plus fortes exigences, le gouvernement opéra des réductions considérables qui s'élevèrent à la somme de 50,344,302 fr. 63.

Ont concouru à cette réduction les divers ministères dans les proportions suivantes :

Guerre.

Le ministère de la guerre, sans rien enlever à la solidité de l'armée, mais en remaniant avec toute l'économie possible divers services, et renvoyant à des temps plus prospères quelques travaux non absolument nécessaires, put renoncer à quelques dépenses allouées au premier budget, et réduire ainsi les prévisions de 23,954,450 francs.

Marine.

Le ministère de la marine y a apporté une contribution importante pour une somme de 3,432,128 francs.

Trésor.

Le ministère du trésor, par des tempéraments convenables, en harmonisant mieux les exigences du change et les périodes des émissions avec les besoins effectifs de la trésorerie, en diminuant les frais d'administration, en faisant toutes les économies possibles sur le personnel et en réduisant le fond de réserve pour frais imprévus de 4 à 3 millions, parvint à contribuer à la réalisation du nouveau programme pour une somme de 8,640,715 fr. 61.

Finances.

Une réduction de dépense de 4,796,190 fr. 26 a pu être faite dans le budget du ministère des finances. Elle est due essentiellement à une diminution des frais de recouvrements, à des économies dans le personnel et en d'autres branches de cette vaste administration.

Intérieur.

La nature du budget du ministère de l'intérieur et les exigences qui se manifestent chaque jour pour l'amélioration des services importants qui relèvent de lui, rendaient très difficiles des réductions considérables sans de nouvelles lois organiques. Malgré cela, le ministère, renonçant au crédit pour le palais du Parlement et faisant des économies convenables sur les services de la santé et de la sûreté publique, sur le personnel et sur les frais généraux de l'administration, a pu contribuer à la réduction des dépenses pour un montant de 2,076,380 francs.

Travaux publics.

Une étude approfondie sur la situation des reliquats passifs du budget des travaux publics, a permis de faire une réduction de 3 millions 717,587 fr. 32 sur les frais de manutention ordinaire. En étendant l'attention sur d'autres chefs de dépenses et en renvoyant quelques travaux non urgents à des temps plus prospères, la réduction a pu s'élever à plus de 5 millions.

Instruction publique.

Le ministère de l'instruction publique a réalisé une économie de 991 mille 545 fr. 33.

Postes et télégraphes.

Sur le budget du ministère des postes et télégraphes la réduction des dépenses s'est élevée à 859,418 fr. 50.

Agriculture, industrie et commerce.

Dans les divers services du ministère de l'agriculture, industrie et commerce il a été possible de faire une autre réduction de 253,382 fr.

Grâce et justice.

Enfin même le budget exigu du ministère de grâce et justice a donné une économie de 20,000 fr.

Cela fait en tout, comme je l'ai dit, une réduction de dépenses de 50 millions 344,302 fr. 63.

Prévision définitive des dépenses de 1889-90 et comparaison avec les dépenses constatées.

Les dépenses effectives pour 1889-90, proposées avec le budget présenté par M. Magliani le 28 novembre 1888, montant à la somme de 1,600,629,936 fr. 81, ont donc été assujetties à des augmentations pour 98,399,738 fr. 53; à des diminutions pour 50,344.302 fr. 63; et ont été définitivement approuvées en la somme de 1,648,685,372 fr. 71. Or, les dépenses constatées se chiffrant par 1,637,003,199 fr. 03, il y a donc eu sur les dépenses approuvées l'économie nette de 11,682,173 francs 68.

Augmentations et diminutions constatées par rapport aux prévisions.

Ce résultat final est dû à des diminutions pour la somme de 25 millions 74,987 fr. 48 et à des augmentations pour la somme de 13,392,813 fr. 80. Ces augmentations, dues à des engagements pris en plus des fonds inscrits au budget, concernent pour 2,060,537 fr. 50 des dépenses obligatoires et d'ordre et pour 11,332,276 fr. 30 d'autres dépenses, constituées principalement par un surcroît de besoins de la part du ministère de la guerre, provenant, pour environ la moitié, du prix plus élevé des vivres et des fourrages, et pour le reste, des services militaires en Afrique.

Augmentations.

Conformément à nos règlements de comptabilité, j'ai présenté des projets de loi où sont exposées les causes de chaque excédent. Par conséquent, sans m'arrêter davantage sur ce point, je me borne à noter que des excédents susmentionnés pour une somme de 11 millions

30

332,276 fr. 30; 5,388,770 fr. 72 seulement peuvent se dire purement facultatifs et représentent presqu'en entier les dépenses pour les détachements d'Afrique, exigées par les événements spéciaux de l'occupation d'Asmara, de la marche sur Adua, et du renchérissement de la viande à la suite de l'épizootie bovine éclatée en Abyssinie. Les autres représentent des dépenses fixes et inévitables.

Economies.

Aux économies qui, comme j'ai dit, s'élèvent à plus de 25 millions et auxquelles ont contribué tous les ministères, celui de la guerre a concouru pour plus de 4 millions et demi, en diminuant ainsi la charge provenant de l'augmentation des fonds indiquée.

Causes des économies.

Comme cette question des économies constatées dans les compte-rendus annuels des budgets mérite la plus grande attention et doit nous servir d'enseignement continuel, je me permets de vous signaler les causes qui les produisirent dans l'exercice financier 1889-90:

1° Diminution de dépenses pour le service des dettes publiques, de la dette flottante et des charges diverses de l'Etat . . . . Frs 2,639 701 98

2° Economies sur les appointements des employés pour vacances temporaires de places . » 2,796,750 90

3° Diminution des frais généraux d'administration » 1,092,420 31

4° Moindres dépenses d'achat et de transport de tabacs et de matériel relatif . . . . » 3,675,008 99

5° Diminution des gains à la loterie, en regard cependant d'un moindre produit de 2,034,029 fr. 56 dans les mises . . . . » 2,905,721 00

6° Diminution de frais des recouvrement . » 3,751,904 34

7° Diminution de dépenses pour services publics › 2.195,674 51

8° Moindres dépenses correspondant à de moindres recettes . . . . » 908,364 66

9° Economies dans les dépenses militaires en compensation partielle des majorations des dépenses susmentionnées . . . . » 5,109,440 79
____
(1) Frs 25,074,987 48

____

(1) Les dites diminutions sont réparties dans les divers ministères dans la mesure suivante :

Il ressort de cet examen qu'il y a lieu d'espérer que, dans l'exercice courant et dans les successifs quelques-unes des économies énoncées se renouvelleront. Si quelques unes feront défaut, elles seront aisément remplacées par d'autres, comme l'expérience des années passées nous l'enseigne. Mais malheureusement l'économie provenant pour plus de 3,700,000 francs de moindres frais de recouvrements, représente la diminution des recettes realisées en comparaison des recettes prévues.

Inconvénients des dépenses majorées.

Avant de quitter ce sujet et de mettre fin à ma tâche en vous exposant les résultats de l'exercice financier 1889-90, tout en me déclarant encouragé, comme vous le serez tous, par la somme considérable des économies obtenues, je dois relever que, dans cet exercice aussi se reproduisent d'importantes majorations de dépenses, qui ont fourni si large matière aux discussions parlementaires. Elles sont dues à des circonstances urgentes et inévitables ; mais il n'est pas moins amer pour cela de les rappeler.

Avec la loi du 11 juillet 1889, on avait espéré éliminer, ou tout au moins atténuer l'inconvénient. En effet, cette loi ordonnait que pour toute augmentations des dépenses à allouer au budget, on devait, suivant leur diverse nature, suivre un procédé différent. C'est à-dire un projet de loi général pour les dépenses obligatoires et d'ordre, et pour les majorations de dépenses d'autre nature un projet de loi spécial pour chaque chapitre du budget auquel elles se rapporteraient. Cette disposition, qui était regardée comme un frein à l'augmentation des dépenses, fut à plusieurs reprises réclamée par notre commission du budget, et ce fut par conséquent une excellente mesure de l'insérer dans la loi.

Mais, comme on le prévoyait facilement, le frein n'était pas de nature

Ministère du trésor	Frs	3,262,591	32
» des finances	»	11,882,463	82
» de grâce et justice	»	57,174	99
» des affaires étrangères	»	290,502	82
» de l'instruction publique	»	474,831	30
» de l'intérieur	»	1,208,952	93
» des travaux publics	»	778,049	15
» des postes et télégraphes	»	870,515	06
» de la guerre	»	4,553,515	71
» de la marine	»	901,173	10
» de l'agriculture et commerce	»	795,217	28
	Frs	25,074,987	48

32

à empêcher sensiblement l'augmentation des dépenses. La Commission
du budget, dans son rapport sur le budget rectifié de l'exercice
1889-90, s'exprimait ainsi :

« La loi du 11 juillet a beaucoup fait, mais il reste encore beaucoup à
« faire. Elle a fermé la grande porte d'accès facile et commode, mais
« elle a laissé ouvertes de petites entrées par lesquelles les augmenta-
« tions de dépenses peuvent toujours entrer avec difficulté. Le bon vouloir
« du gouvernement doit donc concourir en ceci aussi, soit en proposant
« les prévisions d'une manière qui soit le plus possible conforme à la
« réalité des besoins et au fonctionnement régulier des services ; soit
« en maintenant rigoureusement les allocations approuvées par le Par-
« lement en les répartissant par chaque mois, de façon à ne pas se
« trouver à la fin de l'exercice dans le cas ou de ne pas pourvoir
« au service ou de demander une somme plus élevée pour y faire
« face. Il est certain que, si la loi n'avait d'autre effet que de mul-
« tiplier le nombre des projets de loi et de compliquer ainsi les
« travaux parlementaires, elle devrait se dire absolument nulle et
« même nuisible. »

Conformément à ces observations, le gouvernement a pour programme de s'en tenir strictement aux crédits approuvés par le Parlement et de se conformer autant que possible, dans leur prévision,
aux nécessités des services, faisant tout ce qui dépend de lui pour
que l'inconvénient des majorations de dépenses soit éliminé ou au
moins réduit aux plus petites proportions de façon à ce que l'on bé-
néficie des économies an point de vue des recettes.

Causes essentielles du déficit 1889-90.

De tout ce que j'ai exposé sur la marche des recettes et des
dépenses dans l'exercice 1889-90, il appert clairement que le déficit effectif de 74,415,521 fr. 04 résultant du compte-rendu, n'a pas dérivé
d'un excès de dépenses, puisqu'il a été possible d'opposer aux allocations considérables exceptionnellement approuvées après la présentation du budget, une somme d'économies à peu près correspondante.
Le déficit a été essentiellement déterminé :

1° par la charge qu'a apporté au budget le service des pensions
anciennes qui, antrefois, était soutenu par la rente assignée à la
Caisse ;

2° par la dépression des revenus des principales sources des
recettes.

Outre le déficit entre les recettes et les dépenses effectives, il a été constaté un déficit de 8,254,376 francs 69 dans la catégorie du mouvement des capitaux.

L'administration du budget 1889-90 laissait donc un déficit total de 82,669,897. fr. 73, qui, grâce à l'amélioration de 3,125,410 fr. 22 obtenue par les reliquats des précédents exercices, s'est trouvé en définitive réduit à 79,544,487. fr. 51, en retirant toutefois, comme je l'ai dit, plus de 11 millions de l'activité de la Caisse des pensions dissoute pour le paiement des pensions nouvelles. Et comme il n'aurait pas été possible de faire supporter au Trésor une augmentation de dette si considérable, le gouvernement, se prévalant des facultés qui lui avaient été concédées, a procédé à l'aliénation d'une partie de la rente provenant de la Caisse des pensions, d'où a été retirée la somme de 106,204,000 fr., grâce à laquelle, après avoir couvert le déficit précité, une amélioration de 26,659,512. fr. 49 a été apportée à la situation du Trésor.

Effets du budget 1889-90 sur le Patrimoine.

Mais les résultats d'un exercice, si l'on veut les connaître et les apprécier dans leur intégrité économique, ne doivent pas être mesurés seulement par les constatations du budget. Aussi l'art. 71 de la loi de comptabilité a prescrit, entre autres choses, que le compte-rendu de l'administration de l'Etat doit avoir l'appui d'une démonstration des divers points de concordance entre la comptabilité du budget et celle du Patrimoine. On sait, en effet, qu'un budget pourrait être géré avec une parcimonie apparente seulement et non réelle, si les allocations qui y sont prévues n'étaient pas suffisantes pour remplacer les dotations des magasins et des approvisionnements et entretenir les réserves nécessaires pour les besoins des divers services. Mais le temps me presse et, ne pouvant m'étendre sur ces intéressants détails, que chacun peut du reste retrouver dans le compte-rendu, je ne veux pas cependant omettre que, au moyen des allocations pour les dépenses effectives du budget, 102 millions ont été dépensés en provisions et travaux, qui augmentaient le patrimoine, tandis que les frais de consommation ne s'élevaient pas au-dessus de 49 millions.

De ce côté nous avons un bénéfice de 53 millions, qui ne couvre pas seulement les dépréciations constatées dans les divers articles de l'inventaire, mais laisse une amélioration notable dans la consistance du patrimoine.

Service de caisse dans l'exercice 1889-90.

Il appert en outre du compte rendu que le service de trésorerie a procédé, comme à l'ordinaire, avec une parfaite régularité.

Les encaisses se sont élevées à 1,925,656,619 fr. 78 et les paiements à 1,950,425,419 fr. 36, avec une différence dans les paiements de 24,768,799 fr. 58, à laquelle on pourvoit par les moyens ordinaires de trésorerie, en laissant néamnoins un fonds de caisse de 195,902,568 fr. 52.

Budget de rectification 1890-91.

Et maintenant j'arrive à l'exercice 1890-91, qui a déjà parcouru plus de la moitié de sa route.

Le budget, présenté pour cet exercice en novembre 1889 par mon honorable prédécesseur, ouvrait le cœur à une espérance, qui ne s'est réalisée qu'en partie.

Premières prévisions.

Il prévoyait une recette ordinaire de 1,582,746,889. fr. contre une dépense également ordinaire de 1,525,096,091 fr., d'où un excédent de 57,650,798 fr. Mais comme, dans la partie extraordinaire, on avait prévu un déficit de fr. 79,536,522, la catégorie des recettes et dépenses effectives se trouvait en déficit de 21,885,724 fr., déficit qui devait être couvert au moyen de recettes provenant du mouvement des capitaux.

Dépenses hors du budget.

Toutefois on prévoyait dès lors 10,600,000 fr. de dépenses militaires qui ne figuraient pas au budget. Le déficit prévu s'élevait donc déjà à 32 millions, toujours y compris les effets de l'abolition de la Caisse des pensions. Pour la catégorie du mouvement des capitaux on annonçait un déficit de 10,921,810 fr. 97. Et pour les pensions nouvelles on prévoyait encore 11 millions de dépenses avec le reliquat des activités de la caisse des pensions supprimée.

Résultats définitifs du budget de prévision.

Ensuite d'autres variations survinrent, qui, dans leur ensemble, ont amélioré la situation, spécialement grâce à de nouvelles économies, qui auraient dû non seulement couvrir les augmentations de dépenses militaires s'élevant à 10,600,000 fr. et 3 autres millions accordés par la loi du 6 avril 1890 pour la construction de la nouvelle poudrière, mais réduire le déficit effectif à 10,963,317 fr. 60. Ce n'était pas tout: par la loi du 20 juillet 1890, n. 7009, l'ajournement de travaux publics n'ayant aucun caractère d'immédiate nécessité, ayant été approuvé, le budget bénéficiait encore, au net de la réduction des concours, de 2,720 000 francs. Ainsi, grâce à toutes ces mesures avantageuses, le déficit paraissait devoir se limiter à 8,243,317 francs 60.

Résultats du projet de rectification du bugdet.

Mais, avec le projet de budget définitif, que M. Giolitti avait laissé élaboré, quand j'ai eu l'honneur de prendre, en décembre dernier, le portefeuille des finances et *l'interim* du Trésor, le déficit remontait à 25,346,601 fr. 59, parce que le rendement des principales contributions trompait les prévisions faites et exigeait de ce chef une notable réduction.

Réductions des recettes par le projet de rectification.

On proposait, en effet, de réduire de 12 millions la prévision des douanes; de 3 millions celle des taxes sur le affaires; de 2,952,000 fr. celle des revenus et des taxes relatives au mouvement des chemins de fer; et d'éliminer les intérêts de la rente de la Caisse des pensions à aliener pour un montant de 4,177,150 fr. 18.

Majoration de dépenses à porter au budget de rectification.

De plus il fallait fixer les sommes allouèes par la loi des mesures pour Rome à 4,126,177 fr. 81 (outre la réduction de 177,187 fr. 50 dans les recettes du mouvement des capitaux); ensuite il fallait compléter l'allocation, en l'augmentant de 710,416 fr., pour les quotes dépendant des conventions pour le service postal et commercial, non inscrites au budget, parce qu'elles n'avaient pas encore été approuvées. Il importait aussi d'inscrire parmi les dépenses effectives la somme de 743,000 fr. pour activer les travaux du cadastre; sans parler d'autres variations de moindre importance, notamment dans les dépenses d'ordre et obligatoires, que la marche des services avait rendues nécessaires. Tout cela contribuait à grever le budget d'une somme de 27,589,000 fr.; et par suite le déficit s'élévait à 35,832,000 fr.

Majoration de recettes proposées par le budget définitif.

Mais d'autre part, avec le projet de règlement dont je parle, on a cru pourvoir, pour plus de 10 millions, à ces nouvelles exigences.

36

grâce à des augmentations de recette, que l'on peut considérer comme
assurées pour les causes suivantes.

La révision du rendement des bâtiments commencera à produire
ses effets dans l'exercice 1890-91, durant lequel la taxe correspondante,
outre l'augmentation de 2 millions déjà portée au budget de prévision,
donnera ultérieurement un revenu supérieur de fr. 2,600,000. En conséquence des modifications introduites dans le service des poids et
mesures, le produit des droits de vérification augmentera dans cet
exercice de 752,600 fr.; un bénéfice de 540,284 fr. 30 a été déjà
obtenu par la frappe de monnaies d'argent pour la colonie Erythrée.
L'augmentation, qui depuis quelques mois se vérifie dans les ventes des
tabacs, fait espérer de ce chef une recette plus forte non inférieure
à un million. En vue des commissions que les établissements péniten-
tiaires ont reçues de l'administration militaire, on peut compter sur
une augmentation dans le rendement de ces manufactures pour plus
d'un million; en outre, ne pouvant présumer que les instituts d'émission, vu les conditions des marchés, puissent restreindre leur circulation,
on peut compter sur une recette extraordinaire de 1.270,000 fr., en
vertu de la participation de l'Etat aux bénéfices, qui seront réalisés
sur les excédents de la circulation. Une autre recette de 1,612,500 fr.
est désormais assurée, grâce à la prescription de six autres quotes
mensuelles sur la rente du Saint Siège; les taxes d'enrôlement au vo-
lontariat dans l'armée, si l'on s'en tient aux résultats du dernier exercice, donneront une augmentation certaine de 600,000 fr.; une augmentation de 760,295 fr. est également assurée dans les produits des droits
d'octroi, les nouveaux contrats d'abonnement ayant été mis en vigueur
le 1er janvier 1891; enfin on obtiendra une plus forte contribution de
348,778 fr. 98 pour dépenses des chemins de fer.

En conséquence de ces majorations de recettes, le déficit effectif de
1890-91 a été réduit par M. Giolitti à la somme de 25,346,601 fr. 59.

Le même projet de budget présume ensuite que, dans la catégorie du mouvement des capitaux, on aura à constater une différence
passive de 7,423,434 fr. 34, qui portera le déficit total à 32,770,035 fr. 93.

Exclusion de toute augmentation de dépenses, et prévision d'économies possibles.

Aucune majoration de dépenses n'est prévue pour l'exercice 1890-91,
et je puis répéter que le gouvernement est fermement résolu à ne
rien omettre pour qu'il soit pourvu à toute éventualité, sauf bien
entendu des cas exceptionnels, inadmissibles dans la situation politique actuelle, moyennant des économies correspondantes sur d'autres

chapitres du budget, lequelles donneront, à la clôture des comptes, comme dans les exercices précédents, un bon contingent.

Déficits probables eutre les évaluations et les recettes.

Mais, hélas ! l'insuccès ultérieur des recouvrements ne permet aucune illusion sur les résultats des recettes. Et je préfère faire part sans délai des impressions et des idées que j'ai pu me former, en étudiant avec sévérité la question, dans le bref espace de temps qui s'est écoulé depuis que j'ai pris la direction des finances et du Trésor.

Je puis me tromper, ce serait même mon vif désir, mais je croirais manquer à mon devoir, si je n'exposais à cette occasion toute ma pensée.

Notre budget tire ses principales ressources des impôts directs, des taxes sur les affaires, des droits de fabrication et d'octroi, des monopoles et des chemins de fer.

Or, je crois la prévision sur les impôts directs assurée; il n'en est pas ainsi de la prévision sur les autres branches de recouvrement.

Les résultats des produits bruts obtenus dans les chemins de fer constituant les réseaux principaux, depuis juillet jusqu'à la fin décembre 1890, inférieurs de plus de 3 millions à ceux de la période correspondante de l'exercice précédent, ne laissent guère espérer que la quote part de l'Etat, prévue dans le budget à 63,295,000 fr., puisse atteindre la somme déjà réduite par le projet de rectification au chiffre de 60,893,000 francs.

Bien que cette diminution de ressources doive être attribuée en grande partie au fait du mouvement extraordinaire qui s'est produit en 1889, à la suite de l'Exposition de Paris, on ne saurait nier que d'autres motifs y concourent, dont on ne peut attendre la cessation immédiate, tels que la lutte des tarifs engagée par les chemins de fer étrangers au préjudice de notre commerce de transit, et la concurrence des lignes secondaires et des tramways ouverts à l'exploitation.

J'estime donc qu'il faut réduire l'allocation prévue de 2,340,000 francs et la fixer à 58,553,000 francs ; et comme conséquence de cette diminution il faudra réduire également la prévision des droits sur le mouvement à grande et petite vitesse qui, à mon avis, doit descendre de 18,260,000 francs à 18,000,000 seulement.

Les taxes sur les affaires, même dans l'état présent, devraient produire plus qu'il n'est prévu ; mais les fraudes inventées chaque jour au détriment du Trésor, la dépréciation des valeurs et les conditions actuelles du pays en réduisent le produit, surtout si on le

38

compare à celui qu'on obtient dans les autres pays. Aussi, tout en
prenant des mesures pour réfréner les abus les plus criants, je ne
crois pas prudent de maintenir la prévision actuelle qui, même après
la proposition de réduire le budget définitif de 211 à 208 millions,
s'écarte trop des 202 millions obtenus réellement en 1889-90 ; d'où
je conclus qu'il faut la diminuer encore de 5,400,000 francs, moyennant quoi j'ai la confiance de n'avoir pas de désillusions à subir dans
mon compte-rendu.

La prévision de 30 millions sur la taxe de fabrication des alcools
mérite également qu'on s'y arrête. Ici il faut considérer que, entre
fabrication et importation, on présume un rendement de 37 millions
et demi, à savoir 30 du chef de la fabrication et 7 et demi pour l'importation.

Voulant donc ramener la prévision à ses vrais termes, j'incline
à retirer du chapitre de la fabrication 2 millions, et 3 de celui des
douanes. Et dans ce dernier chapitre, même après les diminutions
introduites par le projet de rectification présenté par mon honorable
prédécesseur, je retirerais 7 autres millions à cause de l'importation
réduite des céréales, des fers travaillés et autres objets, dont la fabrication se développe dans le pays.

Les résultats de ces études, qui concordent avec les appréciations
de la Commission générale du budget, qui s'occupe avec tant de
zèle de la question, rendent nécessaire, pour éviter des illusions, de
réduire encore de 20,000,000 francs les prévisions des recettes pour
l'exercice 1890-91.

D'autre part, il faut considérer que la note de variations remise
par moi le 17 courant au président de la Chambre, a pour effet d'ap-
porter au budget un bénéfice de 520,000 francs.

Tout cela fait donc fixer les prévisions du budget pour l'exercice 1890-91 aux chiffres suivants, qui concernent les recettes et les
dépenses effectives :

Déficit suivant le projet de règlement présenté le 18
décembre 1890 . . . . · . . . . . Francs 25,346,601 59
    Réductions ultérieures de recettes . . .   »   20,000,000 —

            . . . Francs 45,346,601 59
Effets de la note de variations du 17 courant »   520,000 —

Déficit définitivement présumé pour l'exercice
1890-91 . . . . Francs 44,826,601 59

Avant de quitter ce sujet, permettez-moi une observation synthétique sur l'exercice en cours.

Mon honorable prédécesseur, dans son exposé financier, prévoyait dans les recettes de 1890-91 une augmentation totale de 36 millions, déclarant qu'il se maintenait dans les limites de la plus sévère et stricte prévision ; il présageait en outre dans les dépenses une augmentation brute de 20 millions et nette de 16, contre un accroissement de dépenses précédemment évalué à environ 34 millions.

Pour cette dernière partie, la prévision n'a pas été démentie, et c'est grâce à lui et grâce à ses collègues. La partie relative aux recettes a été démentie au contraire, car avec les réductions proposées par lui et celles que j'ai indiquées moi-même, l'augmentation prévue des recettes s'évanouit. Ce qui confirme de plus en plus le principe que dans les prévisions des recettes, il faut se tenir dans les plus rigoureuses limites : une circonspection ordinaire, un critérium quelconque risquent de trouver dans les faits un bien cruel démenti.

Enfin je crois utile de vous présenter ci-après, en chiffres, les effets sur le budget de la loi concernant les mesures adoptées en faveur de Rome.

Effets sur le budget 1890-91 de la loi sur les mesures pour Rome.

CHAPITRE sur lequel tombe la variation	MOTIFS DES VARIATION	MONTANT des variations
	DIMINUTION DE RECETTES EFFECTIVES.	
29 *bis*	Perte dépendant de la perception directe de l'octroi . . . . Fr.	1,073,520 »
53	Cessation du remboursement pour la quote de dépenses relative au service des intérêts des obligations du Tibre . , »	1,021,407 81
	RECETTES EFFECTIVES MOINDRES Fr.	2,094,927 81
	DIMINUTION DE RECETTES DU CHEF DU MOUVEMENT DE CAPITAUX.	
94	Cessation de remboursement pour la quote de dépenses relative à l'amortissement des obligations du Tibre . . . . . Fr.	177,187 50
	AUGMENTATION DE DÉPENSES EFFECTIVES.	
181 (Travaux Publics)	Passage de la catégorie « *Mouvement de capitaux* aux dépenses effectives » de la quote des travaux du Tibre autrefois à la charge de la commune de Rome. . . . . . Fr. 1,875,000. » Moins la quote proportionelle sur la réduction de 1,250,000 fr. portée sur la somme totale allouée pour ces travaux au budget de prévision » 1,093,750 » Fr.	781,250 »
62 *bis* et 62 *ter* (Travaux Publics)	Première allocation pour les travaux de la ville dont le gouvernement s'est chargé »	1,250,000 »
	AUGMENTATION DE DÉPENSES EFFECTIVES Fr.	2,031,250 »
	RESUMÉ.	
	CATÉGORIE I	
	RECETTES ET DÉPENSES EFFECTIVES.	
	Diminution de recettes . . . . Fr.	2,094,927 81
	Augmentation de dépenses . . . . . . »	2,031,250 »
	SURCHARGE AU BUDGET EFFECTIF Fr.	4,126,177 81
	CATÉGORIE II	
	MOUVEMENT DE CAPITAUX.	
	Diminution de recettes . . . . Fr.	177,187 50
	CHARGE TOTALE POUR L'EXERCICE . »	4,303,365 31

Pour expliquer ces résultats, il faut noter qu'aux dépenses nécessaires pour les travaux d'édilité et fixées à la somme de 1,250,000 francs, en vertu de la loi, il est pourvu par une émission de titres spéciaux de rente, amortissables en 50 annuités, comme pour les travaux de régularisation du Tibre, si bien qu'il ne reste à la charge du budget que la dépense des intérêts et de l'amortissement. Et, en effet, dans le projet du budget définitif, au chap. 9 du Ministère du Trésor, est inscrite la dépense de 32,212 50 francs pour intérêts sur les obligations pour l'achèvement des travaux édilitaires de Rome. Toutefois le Gouvernement a l'intention de ne point commencer les travaux et de ne pas émettre les titres avant de vérifier l'accomplissement des conditions prescrites par la loi et avant de s'être rendu compte des dépenses nécessaires.

Il convient également de rappeler qu'en vertu de l'art. 11 de la loi du 20 juillet 1890, toutes les sommes inscrites à titre de bienfaisance étant rayées du budget communal de Rome à dater de l'exercice financier 1891, les rentes du patrimonie des confréries et congrégations romaines, dont la réunion au Domaine a été prononcée, reçoivent cette destination. Il est ensuite arrêté que la Congrégation de Charité doit employer la partie nécessaire de ces rentes à subvenir aux frais de la bienfaisance qui sont à la charge de la Commune, et que les sommes requises pour ce service, jusqu'à la liquidation définitive, doivent être avancées par le Trésor en compte-courant.

En exécution de ces dispositions, par décret du 6 août 1890, la direction générale du domaine a été chargée de pourvoir à la prise de possession des biens précités ; et le 27 novembre dernier les instructions nécessaires ont été données par les Ministères de l'intérieur et des finances, pour la prise de possession et l'administration de ces biens. Par un autre décret du 11 octobre, il a été réglé que les canons, cens, redevances et autres prestations annuelles et rentes mobilières, dont il aurait été pris possession, devront être remis par le Domaine et passés à la Congrégation de Charité de Rome ; et qu'il sera tenu compte du montant de ces rentes, en diminution des avances à faire par le Trésor de l'Etat.

L'administration du Domaine a déjà commencé la prise de possession, qu'il poursuivra avec activité. On ne peut rien dire encore du résultat final de la liquidation et du montant des rentes, dont parle l'art. 11. On présume seulement que les rentes mobilières peuvent s'élever à 500,000 francs. Par les notes de variations, que je vous ai déjà présentées, relatives aux budgets des recettes et du Trésor,

pour le règlement de l'exercice en cours et que je vous présenterai
pour le prochain exercice 1891-92, j'ai pourvu à ce que l'avance soit
faite par le Trésor pour toute la somme nécessaire au service de
bienfaisance, en ouvrant en même temps le crédit, qui servira à rem-
bourser le Trésor au fur et à mesure que les rentes mobilières seront remises à la Congrégation de Charité, et que le patrimoine im-
mobilier des confréries sera liquidé.

Ainsi le service de la bienfaisance est assuré ; le crédit du Trésor
est garanti et il sera procédé à la prise de possession des rentes de
toute nature appartenant aux corps moraux visés par l'art. 11. Si de
cette constatation résultait l'insuffisance des revenus pour subvenir aux
dépenses, le Gouvernement devrait vous présenter des propositions
tendant à les compléter, soit en réunissant au Domaine les biens d'autres
corps, ou en invitant ces corps à concourir pour les sommes qui
manquent, soit par l'exécution exacte de la loi sur les fondations de
charité soit par d'autres mesures.

Compte du trésor.

Après avoir établi le chiffre du déficit pour 1890-91 à la somme
des 44,826,601 frs 59, et sans tenir compte des économies qui se réa-
lisent d'habitude à la clôture de l'exercice ni de quelque augmentation de recettes dès à présent prévoyable, je passe à la situation du
trésor, dont les éléments sont les reliquats actifs et passifs du budget, les crédits et les dettes de Trésorerie, les fonds de caisse.

Dette du trésor présumée à la clôture de l'exercice 1890-91.

L'ensemble de la dette du trésor qui dans le projet de rectification
du budget est évalué, au terme de l'exercice courant 1890-91, à 406 millions, si, comme je l'ai supposé, le déficit au lieu de 25 s'élévera à 45
millions, sera grévé de la différence, et par conséquent se montera à
426 millions.

Je ne m'arrête pas sur l'importance de ce chiffre que chacun de
de nous regarde comme au-dessus du normal ; puisqu'il faut re-
monter à bien des années en arrière pour en trouver un équivalent.

Du moyen de pourvoir à la dette du Trésor.

Mais, à l'exemple de tous les autres Etats, nous ne devons jamais
perdre de vue la question, pour être prêts à y remédier dans le
temps et avec les moyens que nous trouverons plus opportuns.

La France soutient encore une dette colossale du Trésor, sachant attendre l'amélioration des conditions des marchés pour la consolider : l'emprunt de ces jours-ci en fournit la preuve.

Suivant le système adopté dans plusieurs occasions par l'Angleterre, on recourt aux obligations du Trésor pour les éteindre graduellement avec les améliorations du budget. C'est là la clef de voûte de ce grand édifice financier.

Ce qui nous importe, à nous, c'est que le budget soit en équilibre, et que en outre des allocations pour toutes les charges et pour tous les services de l'Etat, il comprenne au moins la dépense pour le service des intérêts de la dette du Trésor.

Mesures sur la Caisse des pensions.

En attendant, pour faire face aux plus urgents besoins de ces derniers exercices, l'on a adopté les mesures connues sur la Caisse des pensions.

L'aliénation de la rente de cette Caisse, qui devait constituer une réserve extraordinaire tendant exclusivement à dégrever le Trésor de moitié du gros poids des déficits accumulés à la fin de 1888-89, a fini par servir en partie comme mesure ordinaire à équilibrer les budgets des exercices successifs.

Ce qui, au fond revient au même, du moment que les nouveaux déficits sous une forme ou sous l'autres auraient dû être mis aussi à la charge du Trésor.

Permettez-moi donc un court aperçu sur cette opération afin que l'idée en soit bien déterminée et l'utilité démontrée.

La Caisse pour les pensions doit être considérée dans ses deux branches: l'une pour les pensions anciennes; l'autre, bien distincte, pour les pensions nouvelles.

Pensions anciennes.

La branche des pensions anciennes représente la conversion en consolidé, approuvée par la loi du 7 avril 1887, n. 134, de la dette viagère existante.

Pour cette conversion l'on a remis à la Caisse pensions une rente de 27,153,240 frs., laquelle avec ses intérêts annuels et avec le capital relatif qu'on devait graduellement en tirer, était destinée à éteindre la dette viagère.

La loi du 7 avril 1889, n. 6000, remit à la charge du budget

44

les pensions anciennes, et mit à la disposition du trésor la plus grande
partie de la rente que la Caisse avait encore disponible.

Cette loi fut mise à exécution avec l'exercice 1889-90 ; et comme
la Caisse s'était servie pour faire le service des pensions anciennes jusqu'à la fin de juin 1889 de 10,808,895 frs. de rente, le trésor hérita
des 16,344,345 fr. restants.

Mais 3,800,000 frs. de cette rente ont été augmenter le dépôt qui sert de garantie aux billets d'Etat. La rente qui effectivement
resta destinée à améliorer la situation du trésor se trouva donc réduite à 12,544,345 fr.

Somme tirée de l'aliénation de la rente provenant de la Caisse pensions.

Voici maintenant quels capitaux le trésor a pu tirer de cette
rente comparativement au prix d'inventaire:

	Rente demeurée disponible	Capital d'inventaire	Somme encaissée	Bénéfice réalisé
Aliénée en 1889-90 . . .	5,600,000	100,800,000	106,204,000	5,404,000
Id. en 1890-91 . .	6,944,345	124,998,210	130,400,000	5,401,790
	12,544,345	225,798,210	236,604,000	10,805,790

La somme de 236,604,000 fr. fut retirée moyennant quatre opérations, dont deux considérables, moyennant lesquelles la rente fut cédée
ferme au groupe des Banques et Sociétés italo-allemandes. Les deux autres aliénations se firent peu à la fois sur les places italiennes et étrangères, avec l'intervention de la Banque nationale. La première vente
ferme a été de 5,600,000 frs de rente. L'émission a été faite avec
jouissance à partir du 1er janvier 1890. Les conditions et les résultats de cette première opération ont été exposés dans le compte-rendu
de l'exercice 1889-90 ; il est par conséquent superflu d'en parler ici.
Des autres ventes de consolidé avec jouissance à partir du 1er juillet
1891, il sera question dans le compte-rendu de l'exercice courant.

Il suffira de rappeler ici que la dernière vente, la plus considérable de toutes, et, comme la première, faite à forfait, a eu lieu le
24 octobre pour 6 millions de rente, au taux ferme de 92.50.

La différence entre ce taux et le prix courant de Bourse qui était de 93.80, et quelques délais accordés pour ces versements, représentent le coût de l'opération, la prime pour le risque.

Dans l'ensemble la rente a été placée au taux moyen de 94.31 pour chaque 5 francs, et par rapport au capital d'inventaire, qui était de 225,798,200 fr. au taux de 90, auquel elle avait été calculée. A l'époque de l'émission elle présenta un bénéfice de 10,805,790 fr., ayant réalisé, au lieu de la somme susdite, le chiffre plus considérable de 236,604,000 fr.

Emploi de la somme tirée de l'aliénation de la rente de la Caisse des pensions.

Cette somme a servi en partie à solder le déficit et en partie a été versée au Trésor.

Voici brièvement le détail de cette destination :

Exercice 1889-90 :

Somme employée à combler le déficit réel du budget . . . . Frs 79,544,487 51

Somme destinée à l'amélioration de la situation du trésor . . » 26,659,512 49

Frs 106,204,000

Exercice 1890-91 :

Somme employée pour combler le déficit effectif du budget, suivant le projet de rectification du budget présenté le 18 décembre 1891 » 25,346,601 59

Somme destinée à combler le déficit de la catégorie *Mouvement des capitaux* . . . . » 7,423,434 34

Réserve pour faire face au déficit effectif plus considérable qui pourrait se produire . . . . . » 19,480,000 —

Somme destinée à améliorer la situation du trésor . . . . . . » 47,749,964 07

» 100,000,000

Exercice 1891-92 :

Somme qui reste à disposition . . . . . . » 30,400,000

Frs 236,604,000

Pensions nouvelles.

La branche des pensions nouvelles avait un caractère spécial, sur lequel il serait inopportun de nous entretenir, étant connu de tous.

46

Je tiens seulement à relever que pour faire face aux dépenses requises par ces pensions on inscrivit, aux budgets des exercices de 1882 à 1890-91 les sommes suivantes :

1882	Frs	18,000,000. »
1883	»	18,000,000. »
1884 (1er semestre)	»	9,000,000. »
1884-85	»	18,000,000. »
1885-86	»	18,000,000. »
1886-87	»	24,000,000. »
1887-88	»	24,000,000. »
1888-89	»	25,000,000. »
1889-90	»	25,000,000. »
1890-91	»	27,554.136.73

Total des sommes allouées au budget . . » 206,554,136.73

Bénéfices tirés de l'emploi des sommes épargnées sur les allocations des premiers exercices » 12,884,994.07

La somme disponible s'est donc élevée à . Frs 219,439,130.80

Or, dans le service des pensions nouvelles nous avons employé les fonds suivants :

Paiements effectués en 1882	Frs	6,075,942.46
1883	»	10,348,138.27
1884 (1er semestre) .	»	6,240,469.65
1884-85	»	16,344,758.05
1885-86	»	19,206,859.84
1886-87	»	23,562,096.84
1887-88	»	27,438,094.38
1888-89	»	30,821,363.40
1889-90	»	34,643,259.43

  Frs 174,680,982.32

Reliquats restant à payer au 30 juin 1890 . » 1,845,579.78

Prévisions pour l'exercice 1890-91 . . . . » 39,312,568.70

  Frs 215,839,130.80

Moyens avec lesquels a été fait le service des pensions nouvelles.

Dans les exercices de 1882 à 1889-90 la Caisse pensions eut donc à sa disposition, pour la branche des pensions nouvelles une somme to-

tale de . . . . Frs 219,439,130.80
et elle dut pourvoir à des engagements pour   . » 215.839,130.80

Ce qui fait au 30 juin 1891 un actif de . Frs   3,600,000. »

Cet actif s'oppose à la charge des pensions pour l'exercice 1891-92, comme il a été proposé dans le budget présenté.

Jusqu'à présent donc le service des pensions nouvelles a été fait avec les moyens du budget et l'on a suppléé aux découverts des derniers exercices avec les reliquats des allocations des exercices précédents. En 1891-92 on y fait face avec les ressources du budget et avec le reliquat actif de 3,600,000 fr. A partir de 1891-92 le budget doit y pourvoir entièrement.

Eléments qui composent le compte du trésor.

Ceci posé, il est utile de scruter les vraies forces des trois éléments qui composent le compte du trésor.

Réliquats actifs et passifs du budget.

Le premier de ces éléments est constitué par les reliquats actifs et passifs du budget, qui par le passé donnèrent lieu à de nombreuses observations : on doutait que les premiers exprimassent tous des activités réalisables, et que les seconds fussent suffisants pour couvrir les engagements.

Mais le doute, en ce qui concerne les reliquats actifs, ne se basait que sur l'allure des anciennes administrations, où une masse de créances devaient être classées parmi les recouvrements incertains : le classement est maintenant presque terminé.

Des 42 millions auxquels les reliquats actifs non réalisables s'élevaient en 1875, il ne reste aujourd'hui, par suite de l'épuration effectuée, que 7,138,219 fr 85. Et cette somme aussi a été éliminée de l'actif du trésor.

Il ne reste plus qu'à délibérer au sujet de la procédure à suivre pour le règlement de deux créances du trésor concernant les administrations des chemins de fer.

L'une s'élevant à 9,077,128.19 concerne les contributions des chemins de fer, qui ne sont plus dues par les débiteurs, grâce aux effets de la loi du 17 avril 1885. L'autre de 8,007,181 fr 01, représente des produits de chemins de fer perçus et non versés : au 30 juin 1885 les versements n'ont pas été effectués parce que les anciennes

48

administrations des chemins de fer avaient employé la somme à des
travaux et des approvisionnements en compte capital pour les chemins de fer, exploités par elles dans l'intérèt de l'Etat.

Le trésor aurait dù être remboursé de la première des créances
au moyen des émissious ordinaires d'obligations des chemins de fer ;
mais cela n'ayant pas encore é'é exécuté, je me réserve d'étudier s'il
convient de procèder à l'émission de ces titres ou si l'on doit au lieu
de cela rayer cette activité.

On devrait faire de mème pour la seconde créance dans le cas
où les opérations de liquidation et de règlement en cours, ne con-
duiraient pas au remboursement total o'i partiel. Au pis aller la dette
du Trésor de 426 millions, prévue par moi au 30 juin, s'élèverait à
444 millions.

Quant aux reliquats actifs, le compte-rendu de l'exercice 1889-90 les
a dejà déterminés au 30 juin 1890,pour une somme de 492,271,511 fr. 20.

Il n'y a pas à craindre que cette somme ne comprenne pas tous
les engagements des précédents exercices restés à payer. Il y a plutôt
lieu de croire que, par suite des liquidations définitives, ils subiront
des diminutions : l'expérience a aujourd'hui démontré l'inanité de
l'accusation que toutes les dettes du budget ne sont pas comprises
dans les reliquats passifs.

Le second élément du compte du trésor est constitué des crédits et
des dettes de trésorerie.

Crédits et dettes de trésorerie

Il y a peu de choses à dire au sujet des crédits: ils doivent tous
être considérés comme exigibles, sauf deux de peu d'importance qui,
réunies, n'atteignent pas deux millions.

Ainsi, lors mème que l'on ne voudrait tenir aucun compte de ces
deux activités, la dette du trésor au 30 juin prochain devrait être
prévue au chiffre de 446 millions.

En ce qui concerne les dettes de trésorerie où se trouve toute la
dette flottante du trésor (en ne tenant pas compte des billets), on
peut désirer qu'elles diminuent, surtout dans la partie qui grève, par
des intérêts, le budget. Mais il ne peut y avoir de craintes que la
diminution soit imposée par la demande des créanciers. Il ne sera
pas difficile de maintenir la circulation des bons pour une somme d'environ 275 millions comme ils figurent dans le compte du trésor au
30 juin alors que les avances statutaires, calculées à 10 millions seulement, laissent encore une large marge à des demandes successives
de la part du trésor.

Quant aux comptes-courants, on peut dire que les sommes au débit du trésor correspondent à peine aux avances que les administrations spéciales sont tenues de faire pour les paiements journaliers et qui ne pourraient être réduites sans exposer le trésor à des paiements à découvert, contrairement aux prescriptions du règlement de comptabilité.

A ce propos il ne sera pas inutile d'observer que le trésor n'a jamais fait un large usage des comptes-courants comme d'un moyen vrai et propre de trésorerie ou d'une sorte de dette flottante ; au contraire, depuis quelques années il n'y a plus recouru. En effet, à part le compte courant avec la dette publique, qui n'est qu'un virement d'écritures, la dette pour comptes courants, qui dans les exercices de 1881 à 1886-87 fut en moyenne de 32 millions et demi, avec un *minimum* de 21 millions en 1882 et un *maximum* de 56 en 1883, s'est, dans les trois dernier exercices, contenue dans une moyenne de 7 millions et demi seulement.

La Caisse des dépôts et prêts, en particulier, qui laissa en 1884 jusqu'à 40 et en 1887 jusqu'à 44 millions en compte-courant à intérêt, n'eut pas dans le dernier triennat un crédit supérieur à 19 millions, et il touchait à peine trois millions à la fin de l'exercice 1889-90

Fonds de Caisse.

Pour ce qui a trait au troisième élément du compte du Trésor, qui est le *fonds de caisse*, on doit noter qu'au commencement de l'exercice il s'élevait à 195,902,568 fr. 52 (dans ce chiffre n'est pas comprise la somme de 9,230,182 fr. en espèces destinée au change des *billets consorziali*).

Au 30 juin 1891, même en évaluant avec prudence les recouvrements et les paiements de l'exercice, le fonds du Trésor qui, suivant les démonstrations fournies dans le projet de rectification du budget, devrait s'élever à 258,832,099 fr. 82, peut assurément être prévu au chiffre de 218 millions, même en tenant compte de l'augmentation du déficit qui est d'environ 20 millions et de la diminution des activités dont j'ai parlé plus haut.

Or cette somme de plus de 218 millions, qui comprend une réserve en or de plus de 100 millions, est, sans doute, suffisante à faire face à tous les besoins qui peuvent se présenter.

Influence de la dette du Trésor sur le service de Caisse.

Après la courte analyse que je vous ai faite des éléments qui composent le compte du Trésor, je n'hésite pas à vous répéter que par la nature de ses éléments mêmes l'actuelle dette du Trésor, bien que considérable, ne peut éveiller aucune appréhension immédiate : non seulement le service de Caisse est largement assuré, mais on garde encore une réserve suffisante. En admettant même qu'une partie des reliquats actifs ne puisse se réaliser que graduellement, l'expérience nous apprend que l'échéance des reliquats passifs sera retardée dans une plus large mesure.

Il appert en effet du mouvement de ces reliquats qu'une partie considérable d'eutr'eux mûrit assez lentement pour le paiement se trainant dans les comptes pendant plusieurs exercices. Des 492 millions, par exemple, restés à payer au 30 juin 1890, 190 millions se rapportent à des exercices antérieurs, et de ces derniers 120 seulement appartiennent à l'exercice 1888-89, les autres proviennent d'exercices plus éloignés.

Qu'il s'agisse de dépenses pour travaux publics ou pour préparatifs militaires, qui sont allouées dans le budget d'un exercice déterminé, mais qui se liquident graduellement au fur et à mesure que les travaux s'effectuent et sont reçus ; qu'il s'agisse de sommes non facilement liquidables, ou de crédits contestés envers le Trésor, il est certain que dans la masse des reliquats passifs il y a toujours un fonds, pour ainsi dire gisant, qu'il est permis, pour les besoins de Caisse, de distraire momentanément du compte du Trésor.

En tenant compte de tout cela, nous devons avoir la confiance que le Trésor, avec les activités dont il dispose et avec les ressources auxquelles il peut légitimement recourir, peut bien nous laisser le temps d'étudier avec tranquillité le choix des moyens qui devront ramener son compte à des conditions normales.

Budget préventif pour 1891-1892.

Dans l'examen des éléments des finances et du trésor j'ai procédé jusqu'ici par voie, je dirais presque anatomique ; devant maintenant interroger l'avenir, je crois utile de tirer un diagnostique pour aviser aux moyens nécessaires d'arriver à une assiette solide et durable des finances.

J'aborde l'examen du budget d'évaluation pour 1891-92, déja préparé

par M. Giolitti et auquel, dans les premiers moments, je n'ai apporté
que de légères modifications.

Modifications apportées au projet de budget 1891-92 préparé par M. Giolitti.

Dans le budget des recettes j'ai augmenté d'un million la prévision
de l'impôt sur la propriété bâtie à la suite de l'examen des constata
tions de la révision en cours.

J'ai augmenté d'un million les droits des douanes à la suite de la
reprise qui s'est manifesté sur cette source de revenus dans les mois
d'octobre et de novembre.

J'ai augmenté de 1,200,000 fr. la prévision sur les taxes de timbre, parce qu'il me semble que l'on doit appliquer la surtaxe de deux
dixièmes à la taxe due par les banques d'émission sur la circulation
des billets ou titres équivalents payables au porteur à vue ; et je
vous ai à cet effet proposé une variation en ce sens dans le budget
d'évaluation des recettes et j'espère que vous l'approuverez.

Dans le budget des dépenses j'ai réduit de 1,090,000 fr. les assignations au ministère des finances.

Mais j'estime toutefois encore nécessaire d'introduire d'autres variations dans ce projet de budget, variations dont je vous parlerai
bientôt.

Résultats du budget d'évaluation 1891-92.

En attendant, avec les prévisions que vous avez devant vous, le
budget présente les résultats suivants :
dans la catégorie des recettes et dépenses effectives :

Recettes . . . . Frs 1,595,006,817 43
Dépenses. . . . » 1,594,400,535 81

Excédant Frs 606,281 62

dans la catégorie du Mouvement de Capitaux on a une différence
passive de 10,850,611 fr. 70.

Différence dans la recette par rapport à 1890-91.

Les recettes effectives dépassent de 40,349,580 fr. 65, celles qui,
après les diminutions susmentionnées, étaient prévues pour 1890 91,
au net de 11,388,500 francs concernant l'administration de l'octroi de
Naples, qui dans le budget de 1890-91, figurent parmi les recettes effectives et qui dans le budget 1891-92 sont transférés dans la catégorie
virements de fonds parce qu'on y oppose une somme égale de dépenses.

52

Mais après une étude ultérieure, à laquelle j'ai pu les jours derniers me consacrer, et après ce que j'ai dit au sujet des réductions à faire sur les prévisions de 1890-91, proposées dans le projet de rectification du budget, j'ai le devoir d'examiner en détail les évaluations du projet de budget 1891-92, afin de voir quelles variations substantielles il est nécessaire d'y introduire.

Revenus patrimoniaux.

Je vous ai brièvement exposé que la taxe sur le mouvement des chemins de fer et les revenus des lignes de l'Etat ne donnent pas actuellement la plus value dont, dans des conditions normales, ils seraient capables.

Il est permis de croire que les années prochaines, si nous ne pouvons regagner ce que nous avons perdu, nous aurons certainement une augmentation de recettes de quelque importance, soit parce que le mouvement économique provenant de l'augmentation de la population ne peut en dernière analyse manquer, soit par l'effet des capitaux considérables dépensés par nous et que nous continuerons à dépenser en nouvelles constructions, en raccordements et redoublements de rails. Quoique l'on ne puisse pas espérer que ces dépenses soient promptement fructifères, il faut croire cependant qu'elles servent d'excitation à un trafic plus intense et à assurer à l'Etat un revenu plus considérable que l'actuel.

Mais, comme il est difficile qu'en 1891-92 les causes de la dépression actuelle puissent être complètement éliminées, je crois qu'après les réductions que j'ai indiquées pour 1890-91, tout en comptant sur un commencement de reprise, on doit réduire la prévision de la participation de l'Etat de 72,388,250 francs à 60,800,000 francs. et celle de la taxe sur le mouvement des chemins de fer de 18,700,000 francs à 18 millions 300,000 francs.

Impôts directs.

La prévision des impôts directs est fixée pour un montant de 424,614,674 fr. 33, supérieure de 8,736'071 francs 05 à celle de 1890-91. Mais l'augmentation provient en sa presque totalité de la révision de l'impôt sur la propriété bâtie, et d'une légère augmentation à réaliser au moyen de l'impôt sur les revenus mobiliers.

La révision de l'impôt sur la propriété bâtie autorisée par la loi du 11 juillet 1889, et la quote d'augmentation que produit habituellement cette source de revenu s'élevant à environ un million par an, justifient pleinement la prévision de 82 millions pour cet impôt dont le revenu dans le dernier quinquennium se chiffre commé suit:

1985-86	Francs	66,153,274 96
1886 87	»	66,939,132 93
1887-88	»	67,608,493 02
1888-89	»	68,708,751 73
1889-90	»	70,185,255 57

Le revenu pour 1890-91 est fixé à 75,300,000 francs, et pour 1891-92 à 82,000,000 francs.

Somme que je regarde à cette heure comme assurée.

Il est cependant nécessaire de noter que cette source de revenu dans les années prochaines marquera un arrêt dans les augmentations.

Aussi ne crois-je pas que le budget puisse en tirer un plus grand avantage, ne voulant pas grever ultérieurement les contribuables.

L'impôt que l'on doit regarder comme susceptible de bons résultats, dans l'intérêt de la justice distributive et du Trésor, est celui sur les revenus mobiliers.

L'on sait que cet impôt est perçu de deux manières distinctes: par rôles et par retenue.

La partie substantielle, qui est la partie recouvrable par rôles, a obtenu jusqu'à présent par les soins de l'administration, des augmentations assez considérables, comme je vous ai l'exposé.

Pour 1890 91 nous prévoyons 29,000,000 francs, et pour 1891-92 on ne propose que l'augmentation de 1,800,000 francs, quoiqu'une partie des effets de la révision biennale soit au profit de cet impôt.

L'exiguité de l'augmentation proposée pour 1891-92 est dûe aux conditions spéciales de certains établissements de crédit, qui, les années passées, donnaient à l'impôt un contingent assez considérable.

Taxe sur les affaires.

Au sujet de la taxe sur les affaires, je trouve la prévision du budget trop élevée pour pouvoir en espérer un bon résultat. Aussi ai-je l'intention de proposer une diminution de trois millions et demi. Ceci posé, je pense que ces sources d'impôt, jointes aux conditions économiques actuelles du pays, pourront dans les années prochaines nous donner une plus value qui ne peut manquer avec le temps et avec l'accroissement des affaires.

Impôts de fabrication.

Au sujet de la fabrication et de l'importation de l'alcool, j'ai

54

déjà dit ce qui est nécessaire pour expliquer la dépression du revenu actuel.

Si l'on devait maintenir le tarif en vigueur, il faudrait réduire la prévision , inscrite pour 1891-92, comme suit :

Pour la fabrication . . . . Francs 30,000,000
Pour l'importation . . . . » 7,500,000

Francs 37,500,000

La consommation suivant les dernières données, pourra être prévue tout au plus, pour le prochain exercice, à 230 mille hectolitres; partant le maximum de la recette pourra atteindre le chiffre de 32 millions et demi. De ce côté donc nous aurons une perte de 5 millions. Je ne parlerai pas des autres recettes provenant des taxes sur le taxes sur les poudres, le glucose, la chicorée, etc., la prévision me semblant bien fondée.

Droits de douane divers.

Sur les autres recettes des douanes, la prévision pour 1891, en tenant compte des effets qu'on peut attendre des prévisions 1890-91, donnerait ces résultats :

	Prévision pour 1890-91	Augmentation probable en 1890-91	Prévision pour 1891-92
Pétrole	32,900,000	940,000	33,840,000
Café.	19,600,000	»	19,600,000
Sucre	72,300,000	2,000,000	74,300,000
Grain	30,000,000	»	30,000,000
Autres produits	94,700,000	2,060,000	96,760,000
	249,500,000	5,000,000	254,500,000

Comme la prévision du budget 1891-92, pour les produits susmentionnés, s'élève à 261.500,000 frs, il faut, d'après mes calculs, la diminuer de 7 autres millions. Ce sont donc 5 millions sur la taxe de l'alcool et 7 millions sur les autres articles que l'on doit diminuer en conservant les tarifs actuels, si l'on veut que la prévision présente une réalisation probable.

Octroi — Tabacs — Sels — Postes — Télégraphes, etc.

Poursuivant la rapide revue que je fais sur la quantité probable de recettes à recouvrer, je trouve que les prévisions faites pour les octrois, peuvent se maintenir sans crainte de déception ; que les tabacs pourront nous donner au moins un million de plus que la prévision ; que le rendement des sels ne sera pas inférieur à la prévision ; que les revenus des postes et des télégraphes, prévus pour un montant de 62,100,000 frs, se réaliseront, et nous donneront, si non tout de suite, certainement les années prochaines, une augmentation encourageante ; et qu'enfin, sur tous les autres revenus de moindre importance, il ne me semble pas qu'il y ait à craindre de diminution sensible.

Résumé des variations à apporter à la prévision des recettes indiquées dans le projet de budget présenté.

Résumant ce que je viens de dire, le budget d'évaluation pour l'exercice 1891-92, que j'ai eu l'honneur de vous présenter le 18 décembre, et que j'ai examiné avec grand soin, pourra subir les variations suivantes dans la partie des recettes :

CHAPITRES	Augmentation	Diminution
Comparticipation de l'Etat aux produits des chemins des fer	»	1,588,250
Taxe sur le mouvement des chemins de fer . .	»	400,000
Taxe sur les affaires	»	3,500,000
Taxe de fabrication sur les alcools	»	2,000,000
DOUANES :		
Pour moindre importation d'alcools	»	3,000,000
Pour moindre importation de fers travaillés et objet divers	»	7,000,000
Tabacs	1,000,000	»
	1,000,000	17,488,250

Avec ces variations l'augmentation des recettes prévues pour un montant de 40,349,580 frs 65 se trouve réduite à 22,861,330 frs 65.

56

**Effets des variations sur le budget 1891-92
et prvision sur l'augmentation des recettes, dans les exercices futurs.**

Si l'on accepte ces variations, le budget devrait supporter une réduction de 16,488,250 frs.

De la sorte, je crois suffisamment assurée la réalisation des prévisions pour les recettes, et en même temps je crois que l'on peut compter pour les années à venir, sur les augmentations suivantes :

Produits des chemins de fer	Frs	2,000,000
Taxes sur le mouvement des chemins de fer .	»	500,000
Impôt sur la revenus mobiliers	»	2,500,000
Taxes sur les affaires	»	3,000,000
Taxes de fabrication.	»	1,000,000
Douanes	»	4,000,000
Octroi de Naples 250,000 frs, de Rome 250,000 frs	»	500,000
Tabacs.	»	2,500,000
Sel	»	500,000
Postes et télégraphes.	»	2,000,000
	Frs	18,500,000
Moins la diminution des revenus patrimoniaux.	»	500,000
Augmentation annuelle	Frs	18,000,000

Cette augmentation est de beaucoup inférieure à celle que l'on prévoyait en d'autres temps et qui, dans l'exposé Perazzi, était évaluée à 23,600,00 francs, le rendement des taxes ayant été calculé sur la base de conditions économiques quelque peu meilleures que les actuelles. J'arrive maintenant aux dépenses et je constate que sur le budget préparé par M. Giolitti et par rapport aux prévisions de 1890-91 rectifiées avec le projet de rectification, j'ai apporté, comme je l'ai dit, une économie de 1,090,000 frs dans les ministère des finances.

**Diminution des dépenses en 1890-91 en regard de 1889-90
et en 1891-92 en regard de 1890-91.**

Si l'on réfléchit que les dépenses prévues pour 1890 91 sont inférieures de 25 610,860 frs 66 à celles de 1889-90; et que, malgré les réductions faites dans les dépenses de tous les ministères dans ces deux exercices et les dépenses inévitables pour de nouvelles charges obligatoires auxquelles l'exercice 1891-92 devra pourvoir, l'on peut

Vous présenter une prévision de dépenses inférieure de 5,686,009 frs 46 à celles allouées pour 1890-91, la Chambre demeurera persuadée de la sévérité avec laquelle le gouvernement, fidèle à ses promesses, a inauguré et poursuivi le programme des économies. Il est vrai que la proposition de majoration de dépenses militaires reste hors du budget. Si elle est approuvée le budget de 1891-92 se trouvera grévé de 11,000,000 frs, et la diminution de 5,686,009 frs 46 sera convertie en une augmentation de 5,413,990 frs 54.

Ce résultat doit cependant être considéré comme satisfaisant si l'on réfléchit qu'il a pu être obtenu malgré les surcharges considérables que l'on devait inévitablement porter dans la partie ordinaire du budget.

Distinction entre la partie ordinaire et extraordinaire du budget, différence des dépenses en 1891-92 en regard de 1890-91.

En effet, l'augmentation de 5,413,990 frs 54, dans les prévisions de 1891-92 en regard de celles de l'exercice 1890-91, se décompose comme suit :

Augmentation de dépenses dans la partie ordinaire . . . . + 22,803,699.06

Réductions proposées dans la partie extraordinaire . . . . — 17,389,708.52

Augmentation . . . . Frs 5,413,990.54

Différences dans la partie ordinaire.

J'ai dit que pour la partie ordinaire, il fallait augmenter les allocations de l'exercice précédent de 22.803,699 frs 06. Cette somme aussi est le résultat d'augmentations et de diminutions.

Les augmentations de dépenses s'élevaient à 28,268,796 frs 31, et elles ont pu se réduire à 22,803,699 frs 06 ; parce qu'il y a eu moyen de porter dans cette même partie du budget des diminutions pour 5,465,097 frs 25.

Les augmentations concernent :

a) pour 9,010,932 frs 11 le service des pensions qui en 1891-92 sera presqu'entièrement à la charge du budget effectif ;

b) pour 10,558,559 francs, l'augmentation des intérêts et charges concernant les chemins de fer ;

c) pour 2,989,204 fr., les fonds ultérieurs nécessaires au Ministère de la marine pour continuer la formatian des cadres préétablis ;

d) pour 988,800 fr., la majoration du fonds demandé par le Ministère de la guerre, par suite du renchérissement présumé du blé et parce que l'on doit tenir compte d'une journée de plus, l'année 1892 étant bisextile ;

e) pour 820,000 francs la réintégration qu'il fallait faire aux allocations ordinaires du Ministère des travaux publics, en conséquence des réductions portées en 1890-91 ;

f) pour 764,836 fr. 80, la somme plus considérable .qu'il faut mettre à la disposition des manufactures des prisons pour l'exécution des commandes déjà reçues du Ministére de la guerre ;

g) pour 948,854 francs 81, les ultérieurs fonds indispensables pour suppléer au developpement des divers services publics (Postes — Télégraples — Instruction — Agriculture, etc.) ;

h) pour 426,842 francs, la somme plus considérable nécessaire pour les primes de navigation et de construction dúes à la marine marchande ;

i) finalement pour 1,760,767 fr. 52, la réintegration des fonds de réserve qui, tout en étant naturellement alloués au budget 1891-92 dans leur totalité soit pour un montant de 5,500,000 francs, se trouvaient réduits en 1890-91, à l'époque de la présentation du budget de rectification à 373,232 fr. 48.

Les diminutions s'élévant à la susdite somme de 5,465,097 fr. 25, ont été obtenues :

a) dans les intérêts des anciennes dettes remboursables, par effet de leur graduel amortissement, pour 1,215,478 francs 84 ;

b) dans les services coloniaux, pour lesquels, à la suite des réductions portées dans les cadres des détachements militaires, on a pu obtenir la réduction des dépenses ordinaires pour un montant de 1,098,017 francs;

c) dans la branche *tabacs* ayant pu diminuer de 1,090,000 francs les allocations pour les achats, en vue des provisions existantes ;

d) dans la branche *loterie*, parce que l'expérience du dernier quinquennium permettait de réduire de 1,330,000 francs les prévisions des gains :

e) enfin dans les frais généraux, sur lesquels, malgré les réductions apportées dans les exercices passés, on essayera de faire d'autres économies, en obtenant ainsi une diminution ultérieure de 731,601 fr. 41

Différences dans la partie extraordinaire.

Comme je l'ai déjà dit, aux charges provenant des *dépenses* ordinaires, qui, au net des économies que je viens d'énoncer, s'élèvent encore à la somme de 22,803,699 fr. 06, l'on a fait face par les réductions proposées sur les dépenses extraordinaires se chiffrant par 17,389,708 francs 52, tout en calculant les dépenses militaires majorées de 11,100,000 francs par l'effet du projet de loi dont j'ai déjà fait mention.

A l'exception du Ministère des affaires étrangérés, qui a laissé intactes les dépenses extraordinaires se chiffrant à 70.626 fr. 66 ; du Ministère de grâce et justice, qui dût inscrire sur son budget un premier fonds d'au moins 1 million pour continuer la construction du palais de justice : du Ministère des travaux publics qui, quoiqu'il dût augmenter de 468,750 fr., les crédit alloués en 1890-91 pour les travaux de la Capitale et qui il eût à réintégrer quelques allocations extraordinaires qui avaient diminué dans l'exercice précédent, a borné cette augmentation à 2,674,859 francs, tous les autres Ministères ont proposé des diminutions.

Voici, en effet, comment se divise la différence définitive **en** moins dans les dépenses extraordinaires :

	Augmentation	Diminution
Trésor . . . . Fr.	»	947,331 84
Finances . . . . »	»	2ü2,865 45
Grâce et Justice. . . . . . »	1,000,000	21,240 »
Instruction Publique . . . . »	»	207,419 22
Intérieur . . . . »	»	202,000 »
Travaux Publics. . . . . . »	2,674,859	»
Poste et télegraphe . . . . »	»	373,100 »
Guerre . . . . »	»	12,461,600 »
Marine. . . . . . . »	»	5,500,000 »
Agriculture . . . . »	»	1,148,981 01
	+ 3,674,859	21,064,567 52
	— 17,389,708 52	

Malgré tous ces efforts nous ne pouvons pas encore nous dire sortis du gouffre du déficit : l'exercice 1891-92 laissera encore, suivant les prévisions que j'ai eu l'honneur de vous exposer, un décou-

60

vert de 26,981,968 frs 38, dans la catégorie des recettes et des dépenses effectives ; et d'autre part il restera au trésor la charge de
pourvoir au déficit du mouvement des capitaux, se chiffrant par
10,890,611 frs 71.

Je vous exposerai bientôt avec quelles économies ultérieures et
avec quels autres moyens nous pourrons vaincre le déficit et en
même temps faire face aux engagements pris pour les années à venir.
Il est bien d'y jeter en attendant un coup d'œil.

Exercices financiers postérieurs à 1891-92.

Augmentation des recettes.

Je déclare préalablement qu'à mon avis la prévision du budget
1891-92, après les réductions mentionnées, marque les justes termes
des recettes que l'on peut l'attendre et des dépenses nécessitées par
l'organisme actuel de l'administration.

En partant de ce point il reste aux exercices futurs l'avantage
de l'augmentation des recettes que, sans aucune crainte d'exagérations, je crois pouvoir fixer à 18 millions, comme je l'ai démontré plus
haut. Cette plus value, cependant, au net des dépenses de recouvrement
majorées et des dépenses relatives au développement des services des
tabacs, des postes, des télégraphes, etc., se réduit à 15 millions au plus.
On doit noter que les trois millions de différence entre la prévision
de l'augmentation brute et le chiffre net ne suffiront que si le chefs
des administrations mettent tous leurs soins à contenir toute augmentation de dépense dans les bornes les plus étroites. On ne peut
cependant éviter l'augmentation et l'agrandissement des bureaux
s'il y a augmentation des revenus des postes et des télégraphes ; de
même s'il y a augmentation dans la vente des sels et des tabacs, il
faudra couvrir les frais de fabrication, etc.

On doit en outre réfléchir que, comme dans les années passées on
pourra compter dans les années successives sur les économies qui
d'ordinaire se révèlent avec le réglement des comptes. Mais ce
fait, dépendant du zèle de l'administration, je le considère dans le résultat financier que je vais vous exposer pour les prochains exercices,
comme une réserve contre des évènements contraires, auxquels l'Etat
peut se trouver exposé.

Augmentation des dépenses.

Devant mettre en regard de l'augmentation des recettes les charges ultérieures dès à présent prévoyables de l'exercice 1892-93, j'estime utile de les exposer en les distinguant ainsi :

1. Charges irréductibles ordinaires et extraordinaires.
2. Dépenses variables ordinaires et extraordinaires.

Les charges irréductibles ordinaires sont malheureusement considérables. En 1891-92, elles s'élèveront au chiffre de 721,135,762 fr. 15, et en 1892-93 il faudra encore y ajouter 17,777,019 francs.

En voici la démonstration.

Pour les intérêts des nouvelles obligations à émettre afin de se procurer les capitaux nécessaires à la continuation de la construction des chemins de fer, réservée par les lois au soin direct du Gouvernement, on doit calculer une augmentation de 4,230,020 francs.

Une augmentation de 3,413,530 francs doit être prévue pour les intérêts sur le montant des travaux exécutés pour la construction des lignes Eboli-Reggio - Messine-Patti - Cerda et Catanzaro - Stretto Veraldi, aux termes des contrats stipulés à licitation privée, conformément aux lois du 24 juillet 1887, n. 4785, et du 20 juillet 1888, n. 5550.

Les annuités kilométriques pour les autres constructions de chemins de fer, confiées par les lois aux Sociétés d'exploitation des réseaux de la Méditerannée, de l'Adriatique et de la Sicile augmenteront de 5,889,224 francs.

Une augmentation ultérieure des charges provenant de la construction des chemins de fer, se chiffrant par 712,000 francs doit se calculer pour garanties et subventions, en vue des nouvelles lignes qui seront ouvertes à l'exploitation.

De plus, tout en limitant à 4,500,000 francs les capitaux à employer en travaux gouvernementaux et communaux, qui aux termes de la loi du 20 juillet 1890 doivent être exécutés par l'Etat dans la Capitale, on aura une augmentation sur les intérèts des obligations relatives de 296,375 francs.

Enfin en 1892-93 le transfert à la partie effective du budget du reste des pensions neuves devant s'effectuer, on aura une nouvelle charge de 3,802,070 francs.

Or, à toutes ces nouvelles charges, qui s'élèvent à 18,344,019 francs, il n'y a à opposer qu'une diminution de 567,000 francs, à réaliser sur les intérèts des anciennes dettes remboursables par le fait de leur graduel amortissement.

62

L'augmentation des charges irréductibles ordinaires s'élèvera donc, comme je l'ai dit, à 17,777,019 francs.

Il n'y a à espérer aucune réduction sur les charges extraordinaires (quotes à la charge du Gouvernement pour l'assainissement de Naples, annuités allouées pendant diverses années aux Sociétés des réseaux de l'Adriatique et de la Méditerranée, etc., etc.) — car les charges déjà inscrites au budget 1891-92 pour un montant de 11,201,551 frs. 16, pèseront encore pour quelques années sur le budget.

Résultats des prévisions pour l'exercice 1892-93.

Il est impossible d'évaluer à moins de 3,000,000 francs l'augmentation de toutes les autres dépenses, y compris celle des recouvrements.

Si donc nous devions prendre l'état actuel des choses, pour base de l'exercice 1892-93 nous nous trouverions dans la nécessité de devoir faire face :

Au déficit identique à celui prévu pour 1891-92, Francs	26,981,968 38
A des charges ordinaires majorées . . . . . »	17,777,019 —
Total . . . Francs	44,758,987 38
Moins l'augmentation nette des recettes . . »	15,000,000 —
Reste à pourvoir. . Francs	29,758,987 38

Dette présumée du Trésor à la fin de l'exercice 1892-93.

Ce n'est pas tout :

Le Trésor devrait en outre supporter la charge du déficit résultant à la catégorie du mouvement des capitaux qui, pour 1892-93 est prévu au chiffre de 13,308,611 fr. 70.

Cette hypothèse étant donnée, le compte passif du Trésor qui, suivant les calculs exposés plus haut au 30 juin 1891, devait se clòre avec une différence de 446 millions, s'augmenterait :

a) pour le deficit dans la catégorie du mouvement des capitaux en 1891-92 . . . . Fr. 10,890,611

b) pour le déficit entre les recettes et les dépenses effectives en 1892-93 . . . . » 29,758,987

c) pour le déficit dans la catégorie du mouvement des capitaux en 1892-93 . . . . » 13,308,611

Total Fr. 53,958,209

Ainsi nous nous rapprocherons, au terme de l'excercice 1892-93, du chiffre de 500 millions.

Augmentation inévitable de dépenses pour les exercices postérieurs.

Comme vous le voyez, mes calculs ne sont pas le résultat d'idées préconçues pessimistes ou optimistes, que j'ai toujours considérées comme coupables. Mon arithmétique au contraire ne contient aucune opinion; elle est le résultat sévère de recherches minutieuses à travers les pages des comptes rendus et des budgets de l'Etat volumineux et clairs; recherches que je n'ai pas hésité à faire pour me rendre compte de la véritable situation des finances pubbliques, et indiquer ensuite les moyens par lesquels ellé pourra sortir triomphante des difficultés dont elle est entourée.

Si nous passons sans nous y arréter, sur les évalutations que j'ai dû vous annoncer, pour les excercices 1891-92 et 1892·93 nous ne ferons pas un travail efficace.

Il est donc de mon devoir de vous exposer les mesures que le gouvernement croit indispensables pour atteindre l'équilibre du budget et la régularisation de la situation du Trésor. Et cela d'autant plus que pour les exercices 1893-94, 1894-95, 1895-96, il faut prévoir des augmentations de dépenses ultérieures et inévitables, ainsi qu'it résulte du tableau suivant.

DÉPENSES EFFECTIVES ORDINAIRES

Variations pour dépenses obligatoires et inévitables pour les quatre années 1892-93 à 1895-96

TITRES DES DÉPENSES	MONTANT DES VARIATIONS AUX PRÉVISIONS DE 1891-92			
	1892-93	1893-94	1894-95	1895-96
Intérêts sur titres rémboursables	— 567,000. »	— 1,470,100. »	— 2,419,200. »	— 3,416,500. »
Intérêts sur les obligations de chemins de fer	+ 4,230,820. »	+ 8,269,170. »	+ 12,427,640. »	+ 16,280,720 »
Intérêts sur les constructions à licitation privée	+ 3,413,520. »	+ 6,774,450. »	+ 8,278,980. »	+ 8,250,790 »
Annuités kilométriques pour les constructions de chemins de fer confiées aux sociétés des lignes Adriatique, Méditerranée et Sicile	+ 5,889,224. »	+ 10,816,383. »	+ 12,699,443 »	+ 16,818,418 »
Garanties et subsides aux chemins de fer	+ 712,000. »	+ 2,590,000. »	+ 2,803,000. »	+ 2,793,000 »
Intérêts sur les bons livrés aux victimes des troupes bourboniennes en Sicile .	»	+ 90,397.50	+ 180,795. »	+ 180,795 »
Intérêts sur les obligations pour les travaux édilitaires de Rome ·	+ 296,375. »	+ 592,750 »	+ 889,125. »	+ 1,185,500 »
Pensions nouvelles	+ 3,802,070. »	+ 3,852,070. »	+ 3,822,070. »	+ 3,712,070 »
Divers	+ 17,777,019. »	+ 31,515,120.50	+ 38,681,853 »	+ 45,804,793 »
	+ 3,000,000. »	+ 6,000,000. »	+ 9,000,000. »	+ 12,000,000
	+ 20,777,019. »	+ 37.515,120.50	+ 47,681,853 »	+ 57,804,793 »

Charges futures concernant la partie ordinaire du budget.

La démonstration que nous venons de faire doit persuader que dans les évaluations pour les exercices futurs on a tenu compte, pour ce qui regarde les dépenses ordinaires, de toute charge qu'il est possible aujourd'hui de présumer, ainsi que de certaines augmentations inévitables dans les frais de recouvrements et autres services publics.

Et en effet, dans les prévisions de 1892-93 j'ai tenu compte de la charge de 3,802,070 fr. résultant du passage au budget effectif du service des pensions, qui de la sorte était ramené à son état normal ; j'ai prévu que les dépenses pour les chemins de fer, qui pèsent déjà sur le budget ordinaire de 1891-92 pour un montant de 106,671,805 frs 88 (a) devront augmenter dans la mesure suivante :

$$
\begin{array}{llr}
\text{en 1892-93} & \text{Frs} & 14,245,574 \\
\text{» 1893-94} & \text{»} & 28,450,003 \\
\text{» 1894-95} & \text{»} & 31,209,063 \\
\text{» 1895-96} & \text{»} & 44,142,928 \\
\end{array}
$$

J'ai calculé les augmentations suivantes en 1891-92 du chef des intérêts sur les obligations à émettre pour les travaux édilitaires de Rome :

$$
\begin{array}{llr}
\text{en 1892-93} & \text{Frs} & 296,375 \\
\text{» 1893-94} & \text{»} & 592,750 \\
\text{» 1894-95} & \text{»} & 889,125 \\
\text{» 1895-96} & \text{»} & 1,185,500 \\
\end{array}
$$

Enfin, j'ai prévu qu'en regard des évaluations pour 1891-92, les dépenses dépendant du recouvrement des impôts et autres services publics s'accroîtront chaque année de 3 millions.

(a) Obligations 3 pour cent	Frs	31,693,140 —
Id. 4 »	»	6,776,520 —
Contrats à l'amiable	»	3,675,000 —
Annuités aux Méridionales.	»	32,061,645 88
Aux Sociétés fermiéres pour les constructions .	»	1,860,000 —
Aux Sociétés privées pour redevances des lignes exploitées avec celles de l'Etat.	»	4,588,000 —
Dépenses d'exploitation des lignes secondaires .	»	12,645,000 —
Garanties	»	12,682,700 —
Divers	»	689,800 —
	Frs	106,671,805 88

Nouvelles dépenses en vue. — Cadastre.
Conventions pour le service postal et commercial maritime.

J'ai voulu examiner aussi quelques uns des chapitres de dépenses qui par leur importance appellent notre attention, pour savoir si et comment il peuvent augmenter les dépenses publiques dans les exercices futurs, et je communiquerai ensuite à la Chambre mes propositions.

L'un d'entr'eux est celui qui concerne la formation du nouveau cadastre fait en exécution de la loi du 1er mars 1886.

Pendant quelques années les dépenses pourront subir l'augmentation brute de 2 millions par an, qui, au net des anticipations à retirer des provinces, se réduira à un million.

Avec cette somme qui porte les dépenses annuelles à 9 millions environ, le gouvernement pourra procéder, avec la plus grande diligence possible, à l'application d'une mesure législative dont l'exécution est si justement désirée.

Un autre chapitre de dépenses pour un montant de plus de 11 millions, est celui qui concerne le service postal et commercial maritime, d'après les conventions actuelles, qui échoient le 31 décembre 1891.

Le ministre des postes et télégraphes présentera dans un projet de loi spécial les nouveaux contrats, par lesquels on ne dépassera pas les limites de l'allocation actuelle.

Programme du gouvernement pour les dépenses.

Pour les dépenses extraordinaires il est absolument indispensable qu'elles ne dépassent pas pendant quelques années le chiffre de 85 millions.

Pour atteindre ce but, le ministre de la guerre a déclaré qu'il consentait à limiter les dépenses extraordinaires de son budget à 20 millions par an et le ministre de la marine à 4,700,000 frs. Il reste donc une marge de 60,300,000 frs pour tous les autres services.

Il est certain que, d'après les prévisions faites précédemment pour les exercices dont j'ai parlé, les dépenses annuelles extraordinaires auraient dû être au moins supérieures à 85 millions, mais le gouvernement a la ferme intention de ne pas dépasser cette somme, se réservant, s'il le faut, de vous demander la faculté de répartir dans une plus longue série d'exercices les assignations qui ne pourraient être comprises dans cet espace de temps.

De cette manière on en arrivera à un résultat qui a été jusqu'ici

un désir non satisfait. Nous voulons parler de la consolidation des dépenses extraordinaires, à laquelle on parviendra assurément sauf,
bien entendu, des événements imprévus, qu'il n'y a aucune raison
de craindre.

Enfin, pour les autres dépenses extraordinaires, le gouvernement
fera son possible pour que l'on ne dépasse pas les limites des propositions qui vous ont été soumises avec le budget 1891-92, sauf à
étudier toutes les réductions et économies ultérieures et à vous proposer des réformes organiques, comme vous en aurez une preuve
par mes paroles.

Ce que je vous ai exposé jusqu' ici peut se résumer comme suit;
Pour l'exercice financier 1889-90 le déficit entre les recettes et les dépenses effectives a été de 74,415,521 frs. 04.

Le déficit prévu pour l'exercice 1890 91 est, d'après les calculs
récents, de 44,826,601 frs. 59.

Le déficit de l'exercice 1891-92 y compris les dépenses provenant des projets de loi présentés, est à prevoir pour un montant de
26,981,968 frs. 38·

Le déficit est décroissant, mais il existe. Pour le vaincre, nous
devons nous proposer une politique financière de recueillement et me-
surer les engagements de manière à pouvoir les tenir, sans forcer la
main au détriment des forces productives de la nation.

Si j'ai poussé mes prévision jusqu'aux exercices futurs c'est
seulement pour démontrer la nécessité de cette politique, non que
j'aie la vaine prétention d'entrevoir l'avenir, ni d'établir des budgets
anticipés. C'est parce que j'ai cru mon devoir de rappeler les engagements déjà pris pour les quatre années successives, auxquels nous
devons faire honneur. Il serait peu sérieux de ne pas penser aux
charges inévitables de l'avenir.

Considérations économiques.

Conditions de la production.

Comme nous l'avons vu, la situation financière et économique
du pays est dominée par une dépression des forces productives, qui
dure depuis longtemps, et qui est d'autant plus sensible qu'elle a
succédé à une ère de prospérité peut être plus apparente que réelle,
qui a été inaugurée immédiantement après l'abolition du cours forcé.
Celui qui examine à fond la question qui nous préoccupe en ce mo-

ment, doit se persuader que la véritable cause de la dépression, qui se fait sentir dans toutes les manifestations de la vie matérielle de la nation, se trouve dans la série presque ininterrompue de récoltes mauvaises ou médiocres qui ont précédé la funeste campagne agricole de 1889-90, aggravée par la baisse de prix qui n'étaient plus en rapport avec la production et avec les besoins toujours plus nombreux des propriétaires. Les classes manufacturières souffrent aussi là où le propriétaire et le paysan se trouvent mal à l'aise. Il n'y a pas de séparation dans le bien et le mal; tout le monde souffre de la même maladie.

La crise édilitaire qui a éclaté au moment où d'autres causes avaient déjà affaibli notre fibre économique a eu des effets plus graves dans notre pays, où l'on n'a pas encore établi un équilibre exact entre la nécessité des améliorations conseillés par la civilisation, et la puissance des moyens nécessaires pour les réaliser.

Malgré nous nous sommes arrivés à une période de réaction après avoir traversé une période d'activité exubérante favorisée alors par les conditions générales du marché monétaire international, ainsi que par l'abondance de l'argent disponibile en Europe et en Amérique. Aujourd'hui nos conditions ont empiré par l'effet de la situation mauvaise de quelques grands marchés.

Les souffrances de nos industries métallurgiques et mécaniques sont dues aussi à la réaction d'un mouvement trop vif en avant qui a été creé en bonne partie, par l'élan donné ces dernières années aux travaux publics et surtout aux constructions des chemins de fer et du matériel nécessaire, après la loi du 27 avril 1885 qui approuvait les conventions.

L'urgence des travaux, livrés en grande partie à l'industrie du pays, a fourni l'occasion d'établir des usines qui, dans les conditions normales de la demande pour l'intérieur disposent d'une puissance productive excédant les besoins de la consommation, jusqu'au jour où notre industrie soit capable de s'ouvrir un chemin en dehors du pays. On a considéré comme durable un fait transitoire. Une fois la lacune comblée, on devait revenir à une somme de travail répondant le mieux à nos besoins et à nos moyens.

Nous sommes en face d'un de ces *vices de production* que le gouvernement désire tempérer autant que cela sera possible, mais qu'il n'aurait pas la force de réparer entièrement, vu les conditions actuelles des finances.

L'industrie métallurgique et mécanique se trouve dans les mêmes conditions dans des pays mieux constitués que le nôtre au point de vue industriel. Depuis quelque temps, là où l'on continuait sans cesse à forger de machines et de roues, les propriétaires mêmes des usines ont commencé à s'apercevoir qu'ils s'étaient laissés transporter par la fantaisie des affaires, et ont vu que l'unique moyen de salut était la restriction de la production. Ils se sont entendus, ont éteint plusieurs hauts fourneaux, ont sacrifié beaucoup de chaudières, ont condamné à l'inertie d'importantes usines, et pour tenir les prix à un niveau rémunérateur, ont créé des institutions de monopole, qui sous le nom de *trusts*, ont formé la terreur de la petite industrie et des consommateurs.

Les autres industries nationales, favorisées ou non par la réforme du 14 juillet 1887, se trouvent dans des conditions différentes, aucun fait exceptionnel n'étant venu leur donner une impulsion ou l'arrêter, ainsi que cela a eu lieu pour les industries métallurgiques et mécaniques.

Dans des années de vaches maigres, il serait inutile de vouloir donner une impulsion vigoureuse au travail des manufactures; mais nous ne pouvons noter sans complaisance un mouvement très actif dans les arts textiles, la céramique, la fabrication du verre, dans l'industrie du papier et des peaux.

L'importation des matières premières s'est considérablement accrue; celle des produits travaillés a diminué. Entre l'année 1886, année de prospérité moyenne, antérieure au mouvement commercial, déterminé par la discussion et par l'application de la réforme douanière, et 1890, année de dépression économique, mais normale, à cause du nouveau régime des droits de frontière — soit dans l'espace de quatre ans seulement, — l'importation des matières textiles grèges s'est accrue d'environ un tiers, ce qui répond à la provision de machines pour la filature et pour la texture faite dans la même période.

La quantité des produits chimiques demandés à l'étranger pour l'usage de nos fabriques a augmenté de 20 pour cent et plus, et l'importation des matières colorantes et des couleurs s'est accrue notablement.

Les achats à l'étranger de charbon de terre ont presque doublé; et malgré la crise de 1890, on a une comparaison favorable avec les chiffres des recettes de 1886 pour les matières premières nécessaires aux industries métallurgiques, soit, la fonte et le fer usé.

En comparaison de ces importations plus considérables de matières premières, on a une diminution notable pour certains genres des produits manufacturés : je fais allusion spécialement aux tissus de coton et de laine et surtout aux tissus de soie.

Pour ce qui est de l'industrie agricole, la campagne 1890-91, peut être considérée, dans son ensemble, comme assez bonne, soit à cause de l'augmentation du prix du bétail, soit pour la bonne récolte du grain, soit enfin pour la production suffisante du vin et de l'huile. En tout cas elle a été plus favorable que celle de 1889-90 qui s'est distinguée des autres par une récolte assèz faible de blé, par une mauvaise vendange et une production peu abondante d'huile.

L'amélioration dans les conditions des classes agricoles, quoique, à la vérité, elle n'ait pas été commune à toutes les régions du royaume, aura un reflet favorable sur les autres manifestations de la vie économique nationale.

Tout porte à espérer que cette amélioration, de même qu'elle a contribué à déterminer une importation moindre de blé, stimulera nos exportations, et atténuera le déficit constaté par les statistiques douanières de l'exportation en regard de l'importation.

Mouvement commercial.

Il faudrait s'arrêter un instant pour discuter au sujet de ce déficit avant d'en tirer des déductions complètement pessimistes et peu conformes à la réalité des choses. Il faut être prudent quand l'on raisonne, en prenant pour base les chiffres du commerce àvec l'étranger. Il est surtout opportun de noter que le commerce international ne représente qu'une partie assez limitée de tout le mouvement commercial, puisque l'on n'exporte que les produits nationaux excédant les besoins de la consommation du pays et que l'on importe seulement les produits que nous n'avons pas chez nous.

Ainsi, par exemple, en mettant l'année 1886 en regard de 1890 on a que le total du commerce d'importation et d'exportation des produits agricoles ne représentait d'après les statistiques douanières que 700 ét 450 millions de francs. Or, ce chiffre quoique assez important correspond à peine au 16 et au 12 pour cent de la valeur de notre production agricole susceptible d'échange.

La rupture des conventions commerciales avec la France a certainement contribué à entraver le commerce italien d'exportation, mais dans une mesure notablement inférieure à celle qui a été déclarée souvent par la presse ou à la tribune parlementaire. En prenant comme terme de comparaison les années 1886 et 1889 (parce que le mouvement commercial par pays de provenance ne pourra être connu que dans quelques mois), l'exportation de nos produits en France aurait diminué de 281 millions, d'après nos statistiques, tandis que, d'après les statistiques françaises, la différence en moins ne serait que de 176 millions, Il s'agit, comme on le voit, d'une différence en moins de 105 millions. Et puisque c'est le pays qui importe qui a le plus grand intérêt au contrôle de toutes les marchandises qui traversent sa frontière, il faut admettre que les chiffres officiels français concernant la *provenance* sont moins imparfaits que les chiffres italiens concernant la *destination.*

On doit remarquer que presque un tiers des valeurs que la France, en 1886, déclarait avoir reçues de d'Italie, représentait des marchandises *exemptes* de droits de douane. Les seules soies gréges étaient évaluées à 83 millions. Une grande partie de ces produits passait la frontiére française pour atteindre d'autres destinations surtout la Grande Bretagne, la Belgique et l'Allemagne occidentale.

Le tarif conventionnel avec la France ayant cessé d'être en vigueur et les droits différentiels étant survenus, la direction de notre commerce étranger s'est mieux dessinéc. Les statistiques nous disent que dans le commerce avec la Grande Bretagne, nous avons eu une augmentation pour une valeur de plus de 40 millions. Mais l'on se tromperait si l'on voyait dans cette différence si forte une augmentation effective dans l'exportation de nos marchandises, tandis qu'elle n'est que la conséquence d'une désignation moins imparfaite des courants commerciaux.

Ainsi l'exportation pour la Suisse figure comme ayant augmenté d'une valeur totale de 133 millions, dont environ 112 sont attribués à la plus grande exportation de la soie grége.

Cependant, tandis que nos statistiques déclarent une exportation pour la Suisse d'environ 28,000 quintaux de soie grège, l'administration helvétique n'en enregistre à l'entrée que 16,000, avec une différence de quantité, qui traduite en valeur correspond à la somme de 66 millions.

Donc, après les réductions nécessaires faites aux résultats de 1886 et en corrigeant selon les criterium exposés plus haut, les chiffres du commerce direct de 1889 on peut affirmer avec sûreté que la diminution effective de nos exportations vers la France, à la suite de la rupture des traités, ne représente qu'une valeur de beaucoup inférieure à celle qui figure dans les statistiques commerciales.

D'un autre côté, cette diminution aurait eu une forte compensation dans le développement du commerce avec d'autres contrées, si nos récoltes n'avaient pas été mauvaises et si la crise financière des republiques de la Plata, par suite de l'action directe du change très élevé et indirecte du malaise économique, n'avaient pas paralysé les efforts de nos exportateurs.

Rapports économiques internationaux.

Quoique la gravité des dommages causés directement par les événements douaniers soit atténuée à nos yeux, nous devons faire des vœux pour que le présent état de tension dans les rapports économiques entre les deux pays disparaisse rapidement.

Nous avons donné la preuve de notre bon vouloir par l'abolition dés droits différentiels, sans recevoir aucun équivalent pour cette abolition qui a mis les principaux produits des manufactures françaises sur le marché italien dans des conditions presque égales aux produits des pays liés à l'Italie par des traités commerciaux.

La situation s'éclaircira dans le courant de cette année durant laquelle il faudra étudier la nouvelle phase de la politique douanière des Etats civilisés, vu l'écheance prochaine des traités qui à part quelque interruption, ont continué la politique libérale inaugurée par les grandes réformes britanniques et confirmée par le traité anglo-français de 1860.

Quelle sera la nouvelle phase qui nous est réservée, ou, pour mieux dire, quels nouveaux faits législatifs régulariseront les rapports économiques internationaux ?

Dans ce moment l'attention des hommes d'Etat et de ceux qui par leurs études ou à cause de leur profession, suivent de plus près les questions commerciales est dirigée de trois côtés différents.

Au delà de l'Atlantique les Etats-Unis du Nord ont renforcé leur barrière douanière; sur plusieurs points ils l'ont relevée et ils menacent de mesures très sévères ceux qui osent faire une guerre ouverte ou cachée à leurs produits.

En Europe, tandis que les propositions rigides de la période douanière bismarkienne se sont adoucies peu à peu, à ce qu'il parait, et que l'Allemagne, après sa convention avec la Suisse, négocie avec la meilleure bonne volonté, avec l'Autriche son alliée, la France élabore une législation douanière, qui si elle était appliquée selon certaines idées, qui, nous l'espérons, ne prédomineront pas, apporterait un changement profond à la politique par laquelle elle a été économiquement gouvernée dans les dernières trente années.

L'attitude des Etats-Unis, n'a pas pour nous un grand intérêt direct. Le tarif de M. Mac Kinley n'est pas trop défavorable à nos exportations.

Toute la réforme américaine n'a peut-être pas été justement jugée. Le *bill* du sénateur Edmund, qui menace de fières représailles l'Europe, est une réponse, bien que trop dure, aux prohibitions et au traitement exceptionnel auxquels sont sujets certains produits américains.

Dans le Sud et dans l'Ouest de l'Union il se développe une nouvelle force politique sous le nom de *Ligue des agriculteurs*, qui a acquis une grande influence dans le congrès :

« Il suffit de secouer la queue d'une génisse, qui leur appartient, disait un député américain, pour mettre sens dessus dessous toute la Chambre. »

Ils veulent que les gouvernements d'Europe suppriment les dispositions qui frappent exceptionnellement leurs produits, sous peine de représailles, qui ruineraient le commerce des autres produits européens.

Le tarif douanier du premier octobre contient de nouvelles augmentations aux droits déjà élevés, qui duraient depuis tant d'années; mais il ne faut pas juger la forme et la portée de ces droits d'après nos connaissances communes. En appliquant des droits élevés sur les matières premières, il faut en trouver la compensation dans toute l'échelle des droits sur les manufactures, établis ordinairement sur la valeur, qui, d'après la loi, est déterminée de manière à représenter beaucoup moins que le coût effectif du produit sortant de la douane américaine.

Enfin, la loi administrative de Mac Kinley, qui a soulevé tant de rumeur, s'explique avec le traitement des droits *ad valorem* et avec les innombrables fraudes favorisées par ce régime.

Mais que cette politique douanière, qui a contribué aux récentes défaites du parti républicain, dure ou non ; que l'évolution, déjà commencée, s'accomplisse plus ou moins vite, dans l'assiette du commerce américain, par l'augmentation de la population et des industries vis-à-vis d'une disponibilité toujours moins grande des produits du sol, nous pouvons considérer, sans de grandes préoccupations et sans crainte, les événements qui se développent de l'autre côté de l'Océan.

Il n'en est pas de même de ce qui peut arriver chez nos voisins.

En 1880-81 le gouvernement français par la voix d'un homme de grande vigueur, le ministre Tirard, s'est opposé au mouvement protectionniste : ainsi, sauf quelques variations de peu d'importance, on a approuvé le tarif général présenté en 1878 par M. Teisserenc de Bort, qui a servi de base aux réductions conclues dans les traités postérieurs. Cependant depuis lors il s'est manifesté une certaine tendance à augmenter les droits douaniers. Cette tendance s'est affirmée dans les négociations de 1881 et 1882, lorsque plusieurs produits du sol ont été exclus du tarif conventionnel. L'Italie en sait quelque chose pour ce qui a trait au droit sur le bétail. Le mouvement agricole s'est accentué les années suivantes. Les lois du 28 mars 1885, du 29 mars et du 5 avril 1887, du 16 avril 1889 et du 8 juillet 1890 ont augmenté successivement les droits sur le bétail, sur les céréales et leurs produits.

Les difficultés, maintenant aplanies, avec la Grèce et la Turquie, sont venues surtout de la question du traitement du raisin sec, frappé de nouveaux droits d'entrée en France, pour défendre la production vinicole. La réforme de la législation sur les sucres, dont les finances françaises n'ont certes pas tiré parti, a aussi son origine dans les tendances de protection pour l'agriculture.

Le mouvement protectionniste, qui trouve sa formule pratique dans les récentes propositions du Gouvernement français et dans les amendements multiples de la Commission parlementaire des douanes, s'accentue encore davantage dans les chapitres qui concernent les productions directes ou indirectes du sol. On peut donc affirmer que c'est surtout dans les intérets de l'agricolture qu'il faut rechercher les bases de la réforme qui occupe en ce moment le Parlement et la nation française.

Le Gouvernement de la République propose deux tarifs normaux: un *général* et un de *droits minimes,* et un système de surtaxes tout à fait prohibitives, pour avoir une arme de défense contre les pays qui imposeront à la France un traitement différentiel. Le mode d'application des deux tarifs normaux n'est pas encore connu clairement.

Et il serait étrange que le tarif minimum dut être appliqué aux marchandises originaires des pays, qui feront profiter les marchandises françaises d'*avantages corrélatifs* — comme s'exprime le rapport du Gouvernement — et surtout n'assujettiront pas ces marchandises à des droits plus élevés que ceux qui sont appliqués aux marchandises d'autres provenances ; et que l'on adoptât le principe, qui semble être adopté par la Commission de la Chambre, d'autoriser le Gouvernement à stipuler des conventions commerciales *sans l'adjonction de tarifs douaniers.*

Mais ce n'est ni le moment ni le lieu de discuter les formes du régime douanier que veulent se donner nos voisins d'occident.

Il faut plutôt considérer quelles conséquences pourraient avoir les nombreuses augmentations des droits, que l'on voudrait faire consacrer par le Gouvernement et par la Chambre avec ces réformes déjà préparées et l'organisation déjà établie des deux tarifs.

L'un et l'autre pourraient rendre plus difficiles et moins intimes les accords de la France avec les pays manufacturiers et créer des motifs de tension avec les pays exportateurs de productions agricoles.

A nous, qui sommes aujourd'hui, frappés d'un tarif différentiel prohibitif, la nouvelle législation pourra être utile pour certaines branches de commerce. Mais peut-être si les propositions de la Commission de la Chambre deviennent exécutives le commerce du bétail, qui sera très surchargé par le nouveau régime au poids, en souffrira ainsi que celui des soies tordues et des vins à haute gradation alcoolique.

Nous ne partageons pas la crainte que la nouvelle politique douanière française puisse donner l'occasion à un mouvement de réaction, dans un moment où toute l'Europe sent impérieusement le besoin de la paix économique non moins que la nécessité de la paix politique.

L'Italie fera tous ses efforts pour se maintenir fidèle à ses traditions autant que la légitime défense de ses intérêts, le lui permettra et le gouvernement visera constamment à ce but dans les études sur les tarifs et sur les traités, dont il s'occupe. Il faudra assurer au travail national la sauvegarde à laquelle il a droit, sans faire de tort à nos plus belles et plus riches exportations.

Crédit public.

Le crédit et la circulation sont deux questions non moins importantes.

Dans les trois années financières de 1884-85 à 1886-87, les émissions pour le compte de l'Etat, avaient donné un produit de 442 millions et demi de francs; dans les trois années successives les recettes ainsi obtenues se sont élevées à 696 millions; et dans le seul premier trimestre de l'exercice en cours, la somme perçue moyennant l'aliénation de la Rente 5 pour cent de la caisse des pensions et des obligations pour l'assainissement de Naples s'est élevée à 138 millions et demi de francs; on peut dire qu'il y a eu un *crescendo* de nouveaux engagements avec le marché des capitaux.

En considérant seulement les recettes du Trésor pour les quatre opérations concernant les 12 millions et demi de rente de la caisse

des pensions dissoute, nous notons que les valeurs qu'on en a retirées
se décomposent de la manière suivante :

Francs	143,900,000
Livres sterlings	1,566,959
Marks	33,035,810
Lires italiennes	9,514,600

D'où il ressort que la plus grande partie de l'opération a été
faite de manière à pourvoir aux payements du Trésor à l'étranger.
En effet le montant des bons du Trésor placés à l'étranger pour plus
de 47 millions, a été réduit à 7,628,000 francs; évitant ainsi le
danger qu'il y avait à craindre d'une nouvelle augmentation des
changes, par l'excès de recherches des remises sur l'étranger.

En considérant l'attitude du marché italien et du marché international, on peut affirmer que cette opération aurait pu difficilement
donner des résultats meilleurs que ceux qui ont été obtenus.

Mais ce n'est pas sans un certain regret, que celui qui dirige
en ce moment les finances et a la responsabilité du budget de l'Etat,
est amené à observer que, dans les derniers deux exercices, les
conditions de placement de nos fonds d'Etat ont beaucoup empiré.
En 1886-87 le prix d'émission du 5 pour cent s'est approché du pair
et celui des obligations 3 pour cent s'élevait à 61 frs 50, tandis que
dans le premier semestre de l'exercice courant les deux prix moyens
ont été respectivement de 93 88 et 57 05. On en déduit, sans qu'il faille
le démontrer, le dommage qu'en ont ressenti le Trésor et le budget.

Ainsi, si d'un côté nous pouvons nous réjouir de voir que le
capital étranger concourt à compléter ce qui manque à l'épargne nationale, de l'autre côté nous devons méditer sérieusement sur les gros
chiffres des paiements que l'Etat doit faire annuellement à l'étranger
pour le service de la dette publique. En effets les bénéfice immé-
diats du concours de l'étranger est paralysé par la charge résultant
de la masse surabondante de la dette publique, qui à des périodes
fixes fait sortir des caisses du Trésor de grandes quantités d'argent
pour le payement des intérêts, auxquelles dépenses s'ajoutent encore
toutes les autres, que l'Etat doit faire à l'étranger pour le compte
des divers ministères. Cette émigration périodique d'espèces trouble
les courants monétaires et le cours des changes et tout l'organisme
économique s'en ressent.

Nouvelles opérations de crédit et le nouveau titre 4 pour cent.

Les travaux pour la construction des chemins de fer, l'assainissement de Naples, la réglementation du Tibre, les mesures pour Rome demanderont de nouvelles émissions dans les exercices futurs, surtout dans les plus proches.

Le Gouvernement a décidé de partager dans un plus grand nombre d'exercices les dépenses pour les chemins de fer qui n'ont pas un caractère d'urgence. De la sorte la dette publique qu'il faudra émettre chaque année sera de moindre importance et, l'intervention du capital étranger étant atténuée, le chiffre annuel de nos engagements à l'étranger n'augmentera pas trop rapidement. J'ai la confiance pourtant que dans la période de douze exercices, soit jusqu'à la fin de juin 1902, les besoins pour les travaux pour la construction des chemins de fer ne dépasseront pas la somme totale de 730 millions francs environ, répartis d'une manière opportune. Mais il ne faut pas s'arrêter là ; il faut étudier tous les moyens pour atténuer encore ces émissions périodiques ; il faut surtout s'arrêter sur la pente et n'autoriser, dans aucun cas, aucune nouvelle émission.

Le Gouvernement compte faire face à cette somme avec le nouveau titre 4 pour cent; d'autant plus que la Rente 5 pour cent attribuée à la Caisse des pensions abolie étant epuisée, la demande internationale devra se concentrer sur ce titre italien, libre de la concurrence de titres analogues et émis à des conditions diverses. Cette nouvelle obligation d'Etat, remboursable, à rente fixe et inaltérable aussi pour l'étranger, exempte de toute retenue d'impôt présente ou à venir, offre les plus grandes garanties pour faire converser sur lui l'activité des marchés étrangers.

Circulation du papier-monnaie.

On vous distribuera le neuvième rapport concernant l'abolition du cours forcé, où sont indiquées les opérations de l'exercice 1889-90.

Il vous apprendra que les billets anciennement à cours forcé qui le 30 juin 1890 étaient encore en circulation représentaient une valeur de 10,875,672 francs seulement, dont 1,645,490 en billets de 10 frs, à remplacer avec des billets de l'Etat. La circulation de ces derniers billets à la même date s'élevait à 332 millions et demi, la partie concernant les billets de 5 frs. ayant été réduite d'environ 6 millions, à la suite de la prescription d'une valeur correspondante de billets provisoires consortiaux qui n'ont pas été présentés au change.

Les opérations réglées pas la loi du 7 avril 1881 touchent à leur terme; et d'ici à deux ans, le terme résultant de ses dispositions pour la prescription des billets consortiaux, ou ex consortiaux qui n'ont pas été retirés expirera aussi.

Le fonds de l'emprunt est désormais réduit à 9 millions, sur les 644 que nous avons reçus de l'étranger. Une partie de ce fonds, depuis 1883 jusqu'a 1890, a servi à redoubler les réserves métalliques des instituts d'émission, qui s'élèvent actuellement à 420 millions, dont plus de 350 en or; une autre partie assez minime et surtout en monnaie divisionnaire d'argent a été absorbée par la circulation du pays ; le reste, par suite des vicissitudes économiques et des crises financières, qui se sont reflétées dans la fréquence et permanence des changes contraires à l'Italie, a repassé la frontière. Il faut noter cependant que les disponibilités métalliques du Trésor s'élèvent à environ 152 millions de frs, dont 103 millions en or. Cette somme garantit à tout événement le change à vue des billets d'Etat, indépendemment de la garantie constituée par la rente déposée à la Caisse des dépôts et prêts.

Depuis le mois d'avril 1883 jusqu'à la fin de 1890, le montant des billets de l'Etat a diminué d'environ 600 millions ; celui des billets des banques a augmenté de 350 millions ; d'où une réduction totale dans la masse de la circulation du papier monnaie de 250 millions environ ; on ne connait pas exactement si cette somme a été entièrement couverte par les monnaies divisionnaires et par celles à plein titre, sorties des caisses du trésor par l'effet du change des billets déjà à cours forcé.

Si la circulation des instituts d'émission s'était maintenue strictement dans les limites légales, le montant des billets de banque en circulation serait réduit de 250 millions environ.

Les causes de cet excédant de circulation et les conditions de notre circulation monétaire ont été autrefois expliquées à la Chambre. Vous savez qu'en présence de fréquentes crises assez graves et dangereuses le gouvernement a, été obligé de venir en aide à certaines situations compromises, pour éviter au crédit public et privé de forts sccousses et au pays des dommages considérables.

Indépendamment de cela, la forte restriction, qui en dehors des excédants dont on se plaint, s'est avérée dans la masse disponible des instruments de la circulation italienne, explique l'anormalité si elle ne la justifie pas ; mais avec la réorganisation des instituts d'émission il faudra nécessairement régler cette question importante.

En attendant et jusqu'à ce que la matière de la circulation ait trouvé une assiette régulière, les instituts d'émission doivent au Trésor une participation des bénéfices provenant de l'excédant de la circulation, outre la taxe particulière à laquelle est sujette la circulation. La participation est fixée à 1 pour cent et l'excédant de la circulation doit être justifiée par des motifs d'intérêt général.

Circulation métallique.

Pour ce qui concerne la circulation métallique, je rappellerai à la Chambre, que le fonds du Trésor en piastres d'argent a été réintégré, par suite de la retraite du dépôt que l'on avait fait auprès des instituts d'émission, à l'époque où la crise édilitaire de la capitale demandait une plus grande largeur de moyens disponibles. Je dois maintennant vous annoncer qu'on a trouvé un débouché à cette masse d'argent de la valeur nominale de 43 millions.

D'après les stipulations internationales de 1885, cette masse ne pouvait être convertie en valeurs décimales à plein titre, ni en pièces à prix réduit. A cause du bas prix de l'argent, malgré la courte reprise des prix qui s'est vérifiée en août et septembre, la vente de ce *stock* de métal aurait infligé au Trésor une perte considérable.

Il ne convenait pas d'ailleurs à l'Italie de dénoncer la convention monétaire de 1885 dans le seul but de pouvoir frapper quelques millions de plus d'argent.

La loi sur l'administration de la colonie Erythrée, ayant été publiée, et la convention entre l'Italie et l'Ethiopie signée, le gouvernement a eu la faculté de pourvoir cette colonie d'une monnaie spéciale. La création de cette monnaie, qui aura cours exclusivement dans les possessions italiennes de l'Afrique et dans l'Abyssinie, a été fixée par décret royal du 10 août 1890.

On a déjà pourvu à la frappe des pièces pour une valeur nominale de six millions de frs ; on pourvoiera maintenant à la frappe du thaler colonial pour un montant de quelques millions. Ainsi, cet antique instrument de rapport entre les peuples, la monnaie, fera connaître dans les régions africaines l'effigie de notre roi et rappellera à chaque moment le nom de l'Italie.

Question monétaire.

On a cru, l'été dernier, que la question monétaire entrant dans une phase nouvelle par l'effet du *bill* de M. Windom, qui a été appelé, le *bill* de l'argent, tendait à de nouveaux horizons.

Ainsi qu'on le sait, le Congrès des Etats-Unis autorisait le gouvernement à acheter non moins de quatre millions et demi d'onces d'argent chaque mois, ce qui équivaut à 70 millions de dollars, ou 364 millions de francs par an. Cette disposition a agité les marchés et a donné une impulsion formidable à la spéculation américaine.

L'argent a augmenté rapidement de prix, gagnant en peu de semaines, quatre, cinq, six points par once *standard*, à Londres, où il a atteint le prix de 55 déniers, ayant été côté à 46 et moins encore trois mois avant ! Mais cet état de choses a peu duré ; au mois de novembre on en était de nouveau aux prix antérieurs, et la crise de New-York a fermé les ailes aux espérances trop hardies de ceux qui comptaient sur la circulation du nouvel argent et des bons qui le représentaient, pour soutenir les prix.

Mais l'Union Américaine ne s'est pas donnée pour vaincue. D'après les nouvelles qui viennent de Washington, il paraît que le *bill* de Windom doit préluder à la frappe immédiate du « vieux dollar des pères », dont, à tort ou à raison, la grande république attend un retour de prospérité.

Personne n'a plus d'intérêt que nous à ce que la question monétaire arrive à une assiette durable grâce à l'amélioration effective du prix de l'argent.

Nous attendrons donc les résultats des nouvelles expériences que les Etats-Unis nous font entrevoir. La convention monétaire latine de 1885, prorogée par consentement tacite, a permis de profiter des bénéfices du moment ; elle permet maintenant de regarder l'avenir avec plus de sûreté et d'attendre avec tranquillité le développement des phases, dans lesquelles est entrée la vieille et toujours nouvelle question de la monnaie.

Résumé et mesures.

La politique financière du gouvernement ne peut, à mon avis, avoir d'autre programme que celui qui résulte de ce que je viens d'exposer.

Il convient de combler le dernier résidu du déficit, avec des mesures qui puissent mettre d'accord les besoins des finances de l'Etat avec les intérêts économiques du pays.

Pour atteindre le but, que le gouvernement s'est proposé, il faudra suivre deux chemins. Par l'un le pouvoir exécutif n'a qu'à se valoir des facultés qui lui sont accordées par les lois de l'Etat; par l'autre il faut le concours illuminé des représentant du pays. Il s'agit donc d'un double ordre de mesures dont je vous parlerai brièvement car mon discours touche désormais à sa fin.

Nouvelles réductions de dépenses.

Et d'abord, avec des notes de variations au budget des dépenses pour l'excercice 1891 à 92, on proposera 9 millions d'économies auxquelles contribuent d'une manière spéciale le ministère de la guerre et le ministère des travaux publics. Ainsi, aux réductions de dépenses faites par le gouvernement pour les trois excercices auxquels mon exposé se rapporte, on va en ajouter d'autres. Notre programme de finances sévères reçoit ainsi une nouvelle confirmation; désormais il il ne pourra ni ne devra être abandonné, car il est destiné à des victoires continues.

Mais aux réductions des dépenses passées ainsi que des dépenses actuelles s'oppose en partie leur nature transitoire et précaire. Quant aux dépenses remises à des exercices futurs, et à celles qu'on a évitées provisoirement en profitant des gros reliquats on ne peut leur reconnaitre le caractère de véritables économies.

Ce ne sera certes pas un ministre du trésor qui pourra méconnaitre la différence qui existe entre les économies dues à des causes permanentes ou à des réformes organiques et les diminution de dépenses obtenues par des mesures passageres quoiqu' opportunes.

Ce ne sera pas un ministre du trésor qui pourra méconnaitre la nécessité de donner la préférence aux réductions de la première espèce, sur lesquelles on peut sérieusement compter.

Ce ne sera certes pas un ministre du trésor qui pourra se contenter d'économies momentanées, en négligeant l'étude des économies réelles et durables.

Mais après ces affirmations, il me sera permis d'observer qu'en certains moments il faut recourir à toutes les réductions possibles de dépenses quelqu'en soit le caractère.

Et cela autant pour éviter la nécessité d'imposer de nouvelles charges aux contribuables que pour confirmer une fois de plus notre programme qui consiste dans l'abstention de toute dépense non indispensable.

Ce programme, qui est désormais le programme du pays entier est, depuis 1889 rigidement suivi par le Gouvernement et par le Parlement, et nous devons continuer à l'appliquer avec soin.

Si les réductions temporaires des dépenses ne peuvent ou ne doivent pas être considérées comme organiques ou permanentes, elles constituent toutefois des économies pour les exercices auxquels elles se rapportent. Leur vrai caractère est celui-ci : dans les années moins prospères elles ne chargent pas le budget, et ne fatiguent pas le Trésor, et donnent le temps et les moyens d'étudier et d'effectuer les réformes utiles et durables, destinées à remplacer les économies transitoires.

D'autre part, n'est-il pas utile et correct, aussi bien pour le Trésor public que pour un privé, de renvoyer à des temps meilleurs une dépense lorque les recettes diminuent ?

N'est il pas utile et correct, aussi pour ce qui concerne les travaux publics, de répartir les dépenses sur un plus grand nombre d'exercices, de manière à les faire moins peser sur le budget ?

Le Gouvernement n'exagère donc ni dans un sens ni dans l'autre; il ne confond pas le caractère divers des économies qu'il vous a présentées et vous présente; mais il croit que les unes comme les autres sont nécessaires.

La proposition que, par mon entremise, il vous a présentée, de réduire les dépenses extraordinaires dans les limites de 85 millions par an — de fixer les dépenses extraordinaires militaires à environ 25 millions annuels, laissant pour tous les autres services les 60 millions qui restent — de conserver dans les nouveaux contrats pour le service des postes et du commerce le chiffre de dépenses qui est actuellement alloué au budget — de fixer avec précision pour les prochains exercices les dépenses nécessaires à la formation du nouveau cadastre, conciliant avec les intérêts des finances les légitimes intérêts et les droits des provinces qui demandent l'accélération de ce travail — de refuser de nouvelles dépenses — de maintenir enfin les dépenses ordinaires effectives dans les bornes les plus étroites de manière à ne pas dépasser les allocations de l'exercice 1881-92 — n'est-ce peut-être pas un programme qui peut aspirer à l'honneur de votre approbation ? Et une fois approuvè, il n'est plus possible de s'en éloigner : il imposera la substitution d'économies permanentes aux transitoires, ou pour le moins il nous obligera à remplacer par certaines dépenses, qu'il n'est pas possible de renvoyer, d'autres qui peuvent attendre d'autres exercices. De toute manière l'on maintiendra les dépenses dans de justes limites et l'on évitera les déficits annuels que nous avons déploré et que nous déplorons.

Permettez-moi, à ce propos, de vous rappeler, comme digne d'imitation, l'exemple offert par mon illustre collègue, le ministre garde des sceaux, qui vous a proposé une modification organique approuvée par vous qui lui a permis d'améliorer les conditions de la magistrature, et d'appliquer une double réforme sans surcharger le budget.

Ce sont donc encore neuf millions de dépenses qui d'une manière ou de l'autre ne surchargeront pas le budget de l'exercice 1891-92 et qui seront de toutes manières économisées aussi pour les exercices prochains, devant être remplacés ou par des réformes organiques, ou par des renvois opportuns et rationnels.

Je crois cependant devoir vous signaler parmi eux la réduction de 2 millions sur le chapitre des subsides aux routes communales obligatoires. Cette réduction sera permanente, parce que le gouvernement vous proposera de modifier la loi de 1868 et ensuite de réduire à un million les dépenses que la même loi fixait à 3 millions par an.

Je crois que la nouvelle de cette proposition du gouverment sera bien accueillie par vous, parce que plusieurs fois vous avez manifesté le désir, soit dans l'intérêt du tresor public, soit dans celui des communes, d'une application moins sévère de la loi de 1868, qui a été faite dans un moment où les conditions économiques et de la voirie étaient différentes des condictions actuelles.

Et à propos des économies provenant de réformes organiques, et ayant un caractère permanent, conformément aux vœux souvent exprimés par la Commission du budget et par la Chambre, je vous présente deux projets de loi : l'un concernant l'adjudication des bureaux de la loterie, l'autre celle des débits de tabac dont on peut avoir, alors que la réforme sera accomplie, une économie considérable.

Bureaux de la loterie.

Pour les bureaux de la loterie, je propose que, lorsque leur revenu est supérieur à quatre mille francs, on les donne, moyennant enchère, au meilleur offrant ; le budget en ressentira un bénéfice graduel qui atteindra un million de francs.

Magasins et débits de sel et de tabac.

Quant aux débits de sel et de tabac, je rappellerai que maintenant on ne met aux enchères que ceux dont le revenu dépasse mille francs, tandis que les autres sont donnés par concours.

Pour assurer un avantage au trésor, je vous propose que dorénavant tous les débits ayant un revenu au-dessus de 800 francs soient mis aux enchères. En même temps je pourvoirai à quelques modifications concernant la conversion des magasins en débits en gros. On pourra ainsi avoir un bénéfice total de 500,000 francs.

Réforme de la loi sur les pensions.

Mon honorable prédécesseur, dans son exposé financier, rappelant l'augmentation extraordinaire de dépenses résultant ces dernières années du service des pensions qui grève le budget pour plus de 70 millions, vous annonçait que la Commission chargée d'étudier les mesures aptes à modérer ces dépenses avait déjà commencé ses travaux de manière à faire espérer la prochaine réalisation de ce vœu,

Ces espérances se sont en grande partie vérifiées, puisque la Commission remplissant exactement à son mandat, n'a pas manqué de proposer, dans un rapport spécial, une série complète de réformes. En prenant pour base ses propositions, j'ai préparé, d'accord avec mes collègues du cabinet, le projet de loi que j'ai l'honneur de soumettre à vos délibérations.

Je n'ai pas la prétention de réorganiser complétement avec ce projet la dette viagère; je désire seulement supprimer les inconvénients les plus graves de la législation actuelle, me bornant à retoucher les lois organiques dans les parties, que la pratique a démontré inefficaces ou défectueuses, et dans celles qui ayant un caractère de largeur sont trop onéreuses et par là incompatibles avec les conditions actuelles de nos finances.

Ces retouches suffisent pour le moment à opposer un frein à l'augmentation rapide de la dette viagére et à introduire dans les budgets l'économie désirée.

Elle dépend en grande partie de la mise à exécution de deux propositions principales : l'une concerne le paiement fractionné des *indemnités pour une fois seulement* revenant aux employés civils et à leurs familles ; l'autre est relative à la position des officiers de l'armée et de la marine en service auxiliaire.

C'est justement sur ces deux propositions que je me permets d'appeler votre attention.

Avec le paiement fractionné *des indemnités pour une fois seulement*, on atteint le double but d'empêcher la trop rapide consommation des sommes perçues en lieu et place de la pension, et de réduire d'une manière assez sensible, pour une période de quatre ans, le montant annuel de cette dépense.

Les réformes relatives à la position des officiers en service auxiliaire ont également le double but d'éliminer entièrement les privilèges et les traitements de faveur que la législation actuelle accorde, et de laisser à l'avenir une porte ouverte à une série d'économies importantes.

Si le nouveau projet obtient votre approbation, on peut prévoir dès maintenant que ses effets économiques devront se manifester déjà dans la première année et deviendront de plus en plus évidents dans les exercices prochains.

La charge de la dette viagère, considérée isolément, devra nécessairement présenter une augmentation considérable, due à la mise en retraite d'une grande partie des officiers, qui actuellement se trouvent en position de service auxiliaire; mais cette augmentation sera compensée par la diminution correspondante des dépenses dans les budgets de la guerre et de la marine, du chef de la suppression de l'indemnité aux officiers qui seront mis à la retraite.

L'économie sur le services de la dette viagère que, suivant toute probabilité, l'on pourra obtenir à la fin de la première année, en régard des sommes allouées dans le budget d'évaluation pour 1891-92, pourra s'élever à 600,000 francs.

Dans la seconde année et dans les années successives la charge de la dette viagère augmentera ; mais, comme je l'ai déjà observé, elle sera toujours largement compensée par la diminution que l'on obtiendra dans les budgets militaires. De la sorte l'importante économie, provenant des mesures proposées, sera consolidée.

Le résultat sera satisfaisant ; d'autant plus si l'on réflechit qu'il n'est pas possible de réaliser d'importantes économies dans la dette viagère, sans troubler profondément l'organisation actuelle et sans blesser les droits acquis.

Le rapide accroissement de dépenses pour les service des pensions dépend exclusivement de la mise à exécution des nombreuses mesures législatives et administratives approuvées pendant les dernières dix années pour améliorer les appointements, les conditions de carrière et le traitement de retraite des employés civils et militaires.

Augmentations de la retenue sur les appointements, allocations et bénéfices.

Le budget sera encore allégé, si vous approuvez une autre proposition tendant à rendre plus proportionnée à l'augmentation des pensions la faible contribution payée par les employés de l'Etat à titre de *retenue sur les traitements*.

Jusqu'à la fin de 1864, on appliquait les diverses dispositions anciennement en vigueur dans les diverses provinces du royaume au sujet des retenues sur les traitements et sur les pensions. Avec la loi du 18 décembre 1864 on a imposé une retenue sur les traitements, sur les allocations et sur les bénéfices (agio) en proportion progressive, qui s'élevait jusqu'au 16 pour cent ; l'on retenait en outre un tiers du traitement, dans les premiers dix mois, dans le cas de première nomination à un emploi quelconque civil ou militaire, et une moitié de l'augmentation, dans les cas de promotion.

Avec la loi « sur l'amélioration des conditions des employés » du 7 juillet 1876, la contribution à charge des pensions a été diminuée de beaucoup, la retenue ayant été établie d'une manière proportionnelle et progressive pour chaque traitement, en commençant de l'un pour cent sur les premiers huit cents francs et en montant graduellement jusqu'au maximum de 6 pour cent sur la partie de traitement au dessus de 5000 francs, quelle qu'en soit l'augmentation.

Les conditions des employés de l'Etat, déjà avantagées par la loi de 1876 ont été ensuite notablement améliorées par d'autres lois et décrets successifs, avec les indemnités de résidence, avec l'augmentation du dixième de l'appointement après six ans de grade, et avec les réformes des rôles organiques.

Maintenant les traitements, allocations et bénéfices (agios), que l'Etat paie, s'élèvent en tout à plus de 200 millions ; et la retenue s'élève à un peu plus de quatre millions.

La nouvelle mesure que je propose, tend à alléger un peu la grosse charge de la dette viagère, en proportionnant mieux la contribution que l'on retire des employés ; dans ce but on appliquerait le taux actuel de la retenue sur le montant total de chaque traitement et la progression qui d'après la loi actuelle, est de 6 pour cent sur les sommes supérieures à 5000 francs s'étendrait graduellement jusqu'à atteindre le 12 pour cent sur les traitements supérieurs à 10,000 francs.

De cette manière on ferait contribuer dans une mesure plus équitable les traitements élevés tout en augmentant les recettes.

Réorganisation des bureaux provinciaux.

Le ministre de l'intérieur a déjà présenté un projet de loi pour la réorganisation des préfectures et sous-préfectures, dans lequel on demande la faculté de réduire le personnel de surveillance des écoles et des bureaux du génie civil. Ceux-ci existent de par la loi; on doit donc pourvoir par une loi à cette modification. Je ne dirai rien à ce sujet, puisqu'il s'agit d'une proposition sujette à vos délibérations pour laquelle vous avez même fixé le jour de la discussion. Je dois seulement expliquer à la Chambre comment dans ce projet de loi on n'a pas fait mention des économies à realiser sur les bureaux financiers et sur les directions des postes et des télégraphes. Je le dois parce que le silence sur nos propositions concernant la réorganisation de ces bureaux ne serait justifié ni de ma part ni de celle de mon col·lègue qui dirige les postes et les télégraphes.

Ces bureaux ayant été institués par décret royal ; nous aurions donc pu les réorganiser dès maintenant si nous n'avions été retenus par un sentiment de déférence et de respect envers le Parlement.

Il nous a paru opportun et prudent de surseoir à toute disposition administrative qui aurait pu être en désaccord avec les intentions du Parlement et demander des modifications. Nous subordonnerons nos mesures à ses délibérations.

Nous pouvons seulement et dès maintenant vous assurer que les bureaux seront réorganisés de manière à atteindre le double but de la décentralisation et de la simplification administrative, justement désirées par tous.

Il n'est pas exagéré de présumer une économie assez importante par la réorganisation rationnelle des bureaux provinciaux, cette économie ne pourra être réalisée que graduellement, bien que dès les premiers temps elle pourra commencer à avoir des effets utiles pour le budget.

Réorganisation de la taxe sur la fabrication de la poudre à canon.

Je vous présente aussi un projet de réorganisation, d'un caractère essentiellement technique. Sans augmenter la mesure unitaire du tribut, celui-ci pourra procurer au Trésor une plus value d'environ deux millions de francs par an, quand la réforme sera pleinement appliquée, et que les approvisionnements des poudres fabriquées sous l'empire de la loi actuelle seront épuisés.

Plus value de l'impôt sur la fabrication des alcools.

Il y a encore un autre projet destiné à augmenter les recettes du Trésor; j'entends parler du projet de loi sur les alcools.

La diminution de l'impôt sur la fabrication de l'alcool, qui a été portée de 180 à 120 francs, ainsi que la réduction de 60 à 20 francs de la taxe de vente, visaient à relever la consommation des alcools de l'état de dépression, dans lequel elle était tombée et dont on accusait les lois de 1887 et de 1888, qui avaient porté l'ensemble des gabelles de 150 francs à 180 francs, et jusqu'à 240 francs par chaque hectolitre. Mais l'expérience de presque une année et demie a mis en évidence que la renonciation à une partie aussi considérable de recettes a été inefficace à donner une nouvelle impulsion à la consommation tandis qu'elle a lésé gravement le revenu du Trésor.

En effet la consommation des alcools, qui était en moyenne de 24,000 hectolitres par mois non seulement n'a rien gagné, mais elle est tombée à moins de 18,000 hectolitres.

Vous savez que tandis que les impôts intérieurs sur les alcools, d'après la prévision faite par la loi du 11 juillet 1889 devaient produire 30 millions de francs, ils ont donné réellement moins de 19 millions.

Je crois que la consommation, réduite à la quantité actuelle, est ultérieurement irréductible, et que l'augmentation de l'impôt que je vous propose dans la forte mesure de 40 francs, se traduira entièrement à l'avantage des recouvrements.

On aura de la sorte plus de 8 millions de francs, que l'on pourra réaliser, sans léser les intérêts du plus grand nombre des citoyens, parce que, chez nous il ne faut pas considérer l'alcool comme un produit de vraie nécessité.

Augmentation des droits d'importation sur les huiles non clarifiées, les produits chimiques et les semences oléagineuses.

D'autres projets de loi unissent le but financier à la défense de hauts intérêts économiques du pays, comme ceux sur les produits chimiques et les semences oléagineuses.

Lorsque l'on discutait l'état de prévision pour les recettes de l'exercice 1890-91, l'ordre du jour suivant a été approuvé :

« La Chambre invite le gouvernement à hâter la présentation « d'un projet de loi, portant modification au droit sur les huiles non « clarifiées, dans le but de faire cesser le dommage causé au Trésor « de l'État par l'effet de la diminution dans la consommation du pé-« trole par suite de leurs mélanges. »

Obéissant à cette invitation et pour répondre à la ferme volonté de l'administration de sauvegarder par des mesures efficaces les intérêts du Trésor, je soumets à votre approbation quelques propositions qui répondront au but financier, tandis qu'elles satisfairont les réclamations des consommateurs, gravement lésés par la fraude. On peut espérer de la sorte une augmentation de recettes pour un montant de 3 millions de francs environ.

Pour ce qui regarde les produits chimiques, l'augmentation projetée des droits d'entrée pour quelques-uns d'entr'eux et les mesures énergiques que je vous propose pour empêcher l'introduction de la saccharine (l'ennemi le plus terrible des gabelles sur le sucre), favoriseront quelques branches de l'industrie nationale et apporteront des bénéfices importants aux finances.

Quant aux semences oléagineuses, en fixant le droit d'entrée, comme on vous le proposera, à 4 francs pour cent kilos (tandis que maintenant il est de 3 francs) et le ramenant ainsi à de plus justes proportions avec le droit sur les huiles qui en dérivent, on pourvoira à la défense de la production de l'huile d'olive, sans aucun danger pour l'industrie des huiles de semence; tandis que les finances auront par ce changement une plus value de recettes d'environ un demi million.

Poinçon et marque obligatoire des objets d'or et d'argent.

Une mesure d'une autre nature, mais entièrement liéé avec l'intérêt des finances, sera celle que présentera à votre approbation, d'accord avec moi, le ministre du commerce, pour rétablir le poinçon et la marque obligatoire des objets d'or et d'argent.

Ce projet correspond au désir universellement manifesté par les représentants les plus autorisés du commerce et de l'industrie de l'or et de l'argent. Il servira à éliminer les fraudes dont on se plaint, et apportera au Trésor un bénéfice annuel qui pourra atteindre deux millions de francs.

Moyens pour défendre les intéret des finances: répression de la contrebande: réforme des douaniers.

A côté de ces projets, qui apporteront une amélioration directe et visible dans les conditions du budget, je crois nécessaire de vous proposer d'autres mesures, dont l'importance n'échappera pas certainement à la pénétration de la Chambre.

J'ai pensé que l'organisation actuelle des finances demande des moyens de défense plus efficaces; j'ai pensé que si nous devons regarder les dépenses avec la loupe de l'avare et ne pas mépriser la moindre

90

économie, un intérêt plus élevé nous impose d'assurer le recouvrement intégral des recettes.

Ainsi, tandis que la Chambre sera appelée à discuter les propositions dont je vous ai parlé, qui tendent à des épargnes et à l'augmentation des recettes, elle est aussi invitée à examiner deux projets
de lois de la plus grande importance pour la défense des intérêts et
des droits des finances. L'un dentr'eux vise à réprimer la contrebande,
l'autre a pour but de réorganiser et concentrer le commandement du
corps des douaniers.

Cette réorganisation augmentera quelques chapitres de dépenses; mais les conditions du budget n'en seront pas changées car l'on
trouvera une large compensation dans les économies qui vous seront
proposées sur d'autres chapitres.

La répression plus énergique de la contrebande, sans augmentation
de dépenses, deviendra une source indirecte de recettes, tout en
supprimant un grave danger pour le budget de l'Etat, et aidera à
amener la conscience publique vers l'idée moderne, qui ne fait plus
de distinction entre les fraudes contre le Trésor et les fraudes communes, et condamne, parmi les erreurs de la vieille civilisation, le
vieil adage : *Licet fraudare gabellam.*

Réforme des Banques.

Le projet de loi relatif à la réforme des Banques est une des principales mesures ayant la plus grande portée pour améliorer nos conditions économiques. Souvent présentée à la Chambre, souvent objet
de rapports parlementaires, elle n'a pu obtenir les honneurs de la
discussion, et nous vivons encore sous le régime transitoire de la pro-
rogation du privilége de l'émission des billets qui présente tous les
inconvénients possibles et ne produit aucun avantage. On peut discuter
quelle doit être l'action de l'Etat dans les rapports des banques avec
les conditions économiques du pays ; mais on ne peut certes pas discuter, car le chemin à suivre est tout tracé, la nécessité de régler la
circulation des banques et de réorganiser avantageusement les instituts
auxquels le gouvernement confie la faculté de l'émission.

Le gouvernement a donc l'intention de présenter encore une fois
(espérons que ce sera la dernière) un projet de loi sur ce sujet ayant
une importance capitale. Pour compiler ce projet nouveau, nous avons
utilisé tous les éléments recueillis dans les rapports et discussions
parlementaires et tous les faits économiques que la dernière expérience
nous offre. Et nous avons la ferme intention de prier de toutes nos

forces, la Chambre de vouloir s'occuper de cette questien et de résoudre une bonne fois le problème. Un système transitoire et précaire n'est plus soutenable. En effet non seulement le système actuellement en vigueur présente les plus graves inconvènients, aussi avec la réforme des banques le Trésor obtiendra un bénéfice de quatre millions, ainsi que le prévoyait justement mon prédécesseur dans son exposé financier.

Résumè des effets des mesures.

Des mesures, que j'ai eu l'honneur de vous exposer, qui portent diminution de dépenses et augmentation de recettes et ne tènant pas compte pour le moment des effets que l'on obtiendra du chef de la réorganisation des bureaux provinciaux, j'ai la ferme confiance de pouvoir obtenir les résultats suivants pour l'exercice 1891-92 :

Ultérieures économies	Frs	9,000,000
Economies provenant de la concession des bureaux de la loterie, et des magasins et débits de sel et de tabac	»	1,500,000
Economies provenant des mesures sur les pènsions	»	600,000
Augmentation de la retenue sur les traitements, allocations, agios	»	3,000,000
Augmentation de recettes provenant du projet de loi sur la poudre à canon	»	2,000,000
Augmentation de recettes du chef des projets de loi sur les huiles non clarifiées, les sémences oléagineuses et les produits chimiques	»	3,800,000
Augmentation de recettes du chef de l'impôt sur la fabrication de l'alcool	»	8,000,000
Recettes provenant du projet de loi qui établit la marque obligatoire des objets d'or et d'argent . .	»	2,000,000
Effets de la réforme des Banques	»	4,000,000
Total . . .	Frs	33,900,000

Les chiffres que je viens d'indiquer se décomposent de la maniére suivante : 14,100,000 francs seront le résultat des économies (dont la moitié a un caractère organique et permanent); 4 millions doivent ètre attribués à la réforme des Banques et 15,800,000 sont la plus value des recettes du chef des mesures économiques et financières en même temps.

Avec ces mesures on obtient non seulement l'équilibre dans la catégorie des recettes et dépenses effectives, mais on pourvoit aussi à une partie du déficit dans la catégorie du mouvement des capitaux.

C'est beaucoup, mais ce n'est pas encore tout.

En effet il reste encore à pourvoir à environ 4 millions, qui sont nécessaires pour couvrir entièrement cette seconde catégorie.

Mon avis est que les forces du budget doivent suffire non seulement à l'équilibre entre les recettes et les dépenses effectives, mais doivent laisser une marge abondante pour l'amortissement des dettes, unique moyen pour assurer au Trésor l'élasticité convenable, qui est la condition indispensable de la solidité des finances.

Maintenant, les forces nécessaires à faire ce dernier pas, pour atteindre cette assiette financière complète, qui est dans le programme du gouvernement et du Parlement, doivent être trouvées dans le sein même de l'administration.

Je ne crois pas que la moisson des économies soit épuisée; je pense au contraire qu'il y a encore de nombreuses ressources à obtenir avec de simples mesures administratives et en résistant énergiquement aux fictions et aux fraudes qui se multiplient au détriment du Trésor public ainsi que de la grande masse des contribuables.

Je commencerai moi-même à en donner l'exemple avec deux mesures d'ordre administratif; soit avec la suppression de quelques douanes intérieures non nécessaires au commerce et en confiant à la fabrication nationale certaines qualités de cigarettes commandées jusqu'ici à l'étranger.

Il en découlera une économie de quelque importance, que je vous indiquerai dans une note spéciale de variations au budget des dépenses du ministère des finances.

Je fais remarquer en dernier lieu que le projet de loi que je vous annonce pour la répression de la contrebande et la réorganisation des douaniers, ajoutera d'autres bénéfices (que, pour éviter des désillusions je ne calcule pas en chiffres, ne pouvant les préciser dès à présent) soit pour l'assiette financière de l'Etat, soit pour la protection des industries et du commerce.

CONCLUSION.

Messieurs,

J'ai accompli ma tâche et c'est à vous maintenant de compléter mon œuvre.

Je vous demande un jugement serein et franc sur mes vues financières et économiques ; je vous ai offert pour cela tous les éléments que je pouvais et devais vous présenter. S'il vous plaira d'approuver les propositions du gouvernement, on pourra dire que l'équilibre du budget est assuré. A une condition cependant, que l'on continue toujours l'étude des économies, que l'on mette un frein à toute nouvelle dépense. Le gouvernement fera l'un et l'autre.

Le budget une fois équilibré, nous consacrerons tous nos efforts à améliorer les conditions du Trésor, auxquelles il est inutile de penser si l'équilibre n'est pas préalablement atteint.

Le budget une fois équilibré, nous pourrons étudier les réformes à introduire dans notre système d'impôts, auxquelles il serait une folie de penser sans l'équilibre.

Nous avons fait au pays, qui compte sur notre œuvre, des programmes, des promesses, des discours ; nous avons promis aux contribuables de leur éviter de nouveaux sacrifices ; mais tant que le budget ne sera pas équilibré, ils auront toujours devant leurs yeux le fantôme redouté de nouveaux impôts ou l'augmentation de ceux qui existent. Le seul, le vrai moyen de les tranquilliser est de faire un dernier effort pour atteindre l'équilibre. Alors seulement nous pourrons dire : non avec des paroles, mais avec des faits nous avons donné la paix aux contribuables tourmentés et raffermi les finances et le crédit de l'Italie.

www.ingramcontent.com/pod-product-compliance
Ingram Content Group UK Ltd.
Pitfield, Milton Keynes, MK11 3LW, UK
UKHW021430090726
13657UKWH00003B/1013